W0219260

Carl-Auer-Systeme Verlag

Gregory Bateson

Wolfram Lutterer

Eine Einführung in sein Denken

Carl-Auer-Systeme im Internet: **www.carl-auer.de**
Bitte fordern Sie unser Gesamtverzeichnis an:

Carl-Auer-Systeme Verlag
Weberstr. 2
69120 Heidelberg

Satz: Verlagsservice Hegele, Dossenheim
Umschlaggestaltung: WSP Design, Heidelberg
Umschlagfoto: Copyright Horst Mayer
Printed in the Netherlands
Druck und Bindung: fgb · freiburger graphische betriebe · www.fgb.de

Erste Auflage, 2002
ISBN 3-89670-237-8

Die Deutsche Bibliothek – CIP-Einheitsaufnahme

Ein Titelsatz für diese Publikation ist bei
Der Deutschen Bibliothek erhältlich.

Inhalt

Einleitung

Denkmodelle, welche die Wirklichkeit ausschließlich über Kausalität, also über Ketten von Ursachen und Wirkungen, erklären wollen, erweisen sich in immer höherem Maße als unzureichend. Man kann damit zwar (scheinbar) ohne weiteres Phänomene wie vom Baum fallende Äpfel erklären, wird aber beim Versuch einer Analyse der Komplexität belebter Welt kläglich scheitern. Die Reduktion komplexer Zusammenhänge, wie man sie beispielsweise bei der Zuweisung von Täter- und Opferrollen vollzieht, macht es zwar leicht, einen Schuldigen zu benennen, verdeckt aber derart den Blick für die größeren Zusammenhänge, dass ein solches Verfahren selten angebracht erscheint.

Nicht zufällig ist daher in der Mitte des 20. Jahrhunderts die Kybernetik entstanden, deren zentrales Anliegen in der Entwicklung eines Instrumentariums zur Analyse *zirkulärer* Prozesse bestand. Diese anfangs im Bereich der Neurophysiologie und den Ingenieurswissenschaften entwickelte Disziplin hat schon bald Eingang in die Sozialwissenschaften gefunden. Dort machte sie den Weg frei für ein verbessertes Verständnis menschlicher Kommunikation in ihrer Komplexität und in möglichen Paradoxien und Pathologien. Die damit zugleich erfolgende Entwicklung systemischen Denkens verdankt viel den Arbeiten des angloamerikanischen Anthropologen Gregory Bateson (1904–1980).

Dieses Buch dient zu einer Einführung in sein Denken und Werk. Es ist in neun Kapitel untergliedert, wobei das fünfte Kapitel einen Exkurs zur Kybernetik darstellt und das neunte Kapitel einige zusammenfassende Erörterungen enthält. Im Anhang findet sich eine kurze Biografie Batesons.

Die sieben Kapitel 1–4 und 6–8 folgen sieben wesentlichen Stationen in Batesons wissenschaftlichem Lebensweg. Sie reihen sich weitgehend chronologisch aneinander. Die erste dieser Stationen besteht in seiner ethnologischen Forschungsarbeit, die er von 1927 bis 1942 schrieb und die ihn zu einem Kopfjägerstamm nach Neuguinea sowie nach Bali führte. Batesons 1936 erschienenes *Naven* lässt schon viel von jenem Denken erahnen, das ihn später auszeichnet. Als zweites Kapitel sind verschiedene Studien im Rahmen des Kulturvergleichs gebündelt: Arbeiten, die insbesondere während des Zweiten Weltkrieges entstanden, als keine ethnologische Feldarbeit mehr möglich war, und die sich von einer Filmanalyse über Studien zur Moral bis hin zu einer ersten Fassung von Batesons Lerntheorie erstrecken. Diese Lerntheorie bildet aufgrund ihres für Batesons Werk grundlegenden Charakters auch den Inhalt des dritten Kapitels dieser Arbeit. Das nachfolgende vierte Kapitel skizziert Batesons 1951 veröffentlichte Kommunikationstheorie, die zugleich auch den Ausgangspunkt bildet für seine berühmte Double-bind-Theorie aus dem Jahre 1956, Gegenstand des sechsten Kapitels. Das siebte und achte Kapitel dienen zu einer einführenden Beschreibung seiner kybernetischen Erkenntnistheorie sowie seinen Analysen zu pathogenem Bewusstsein.

Diese Einführung in Batesons Werk steht parallel zu einer umfangreicheren Veröffentlichung zum Gesamtwerk Batesons unter dem Titel *Auf den Spuren ökologischen Bewusstseins* (Lutterer 2000). Sie bezweckt, dem Leser oder der Leserin, der oder die vielleicht durch die Beschäftigung mit moderner Familientherapie bzw. systemischer Therapie auf Bateson neugierig geworden ist, in einer kurz gefassten Einführung Bateson zugänglich zu machen. Dies wird zwar gewiss nicht die Lektüre von *Kommunikation*, der *Ökologie des Geistes* oder *Geist und Natur* ersetzen können, aber vielleicht macht diese kleine Einführung ja auch Appetit auf mehr.

Ich möchte an dieser Stelle noch darauf hinweisen, dass die gewöhnlich vollzogene Reduktion des Denkens Batesons auf *Double-bind*, *Deutero-Lernen* oder *Metakommunikation* ihm keinesfalls gerecht wird. Für ihn waren all diese Theorien immer nur Elemente einer ungleich breiter angelegten Sichtweise, deren er selbst sich erst in den späten Sechzigerjahren bewusst wurde. Damals, als die ökologische Krise erstmals breiteren Bevölkerungsschichten zu Bewusstsein kam, verdichtete er seinen erkenntnistheoretischen Entwurf zu einer kybernetischen Erkenntnistheorie, mit der er die drohende Selbstvernichtung der Menschheit in ihren geistigen Wurzeln zu ergründen suchte, Lösungsansätze zu einer veränderten Sicht der Stellung des Menschen in der Welt erarbeitete und dabei auch vor einer kybernetischen Rekonstruktion des Wesens der Religion nicht Halt machte.

Den gesamten Bereich von Batesons Beiträgen zur Wissenschaft hier darstellen und hinreichend analysieren zu wollen wäre vermessen und kann hier leider ebenso wenig geleistet werden wie an anderer Stelle. Sowohl Kommunikationstheorie als auch Double-bind-Theorie und Erkenntnistheorie wären gewiss jede für sich ausreichend Stoff für eine eigene Arbeit gewesen. Es werden also nur jeweils einige wesentliche Aussagen diskutiert werden können. Im Detail wird eine gedrängte Darstellung wie diese sicher immer zu kurz greifen. Dafür aber wird eine Gesamtdarstellung geliefert, die Aufschluss über ein Konzept gibt, das gleicherweise anwendbar wie auch theoretisch fundiert ist. Zugunsten des größeren Ganzen ergeben sich also Lücken im Detail.

Zitate im Text sind sämtlich in deutscher Übersetzung wiedergegeben. Wenn im Literaturverzeichnis kein Übersetzer angegeben ist, stammt diese von mir. Des Weiteren werden sämtliche Veröffentlichungen, an denen Bateson beteiligt war, ohne Rücksicht auf etwaige Ko-Autorschaft im Text unter Batesons Namen zitiert. Die Jahresangaben bei den Zitaten entsprechen dem Jahr der Erstveröffentlichung. Gedankt sei an dieser Stelle insbesondere dem Carl-Auer-Systeme Verlag für sein nachhaltiges Interesse an batesonschem Denken.

1 Ethnologische Forschung

Bateson unternimmt drei größere ethnologische Forschungsreisen. Die ersten beiden führen ihn nach Neuguinea, wo er das Volk der *Iatmul* studiert, die dritte zusammen mit Margaret Mead nach Bali. Dort erstellen die beiden gemeinsam die erste umfangreichere fotografische und filmische Studie in der Ethnologie. Die Reisen haben zum Ziel, über das Studium fremder Kulturen Einblicke in die Prozesse sozialer Evolution und der Charakterbildung zu gewinnen.

1.1 Neuguinea: Unter den Kopfjägern

In den Jahren 1929 bis 1934 verbringt Bateson einmal sechs und einmal 15 Monate bei den *Iatmul*, einem Kopfjägerstamm auf Neuguinea. Zuvor war er bereits für insgesamt 15 Monate bei zwei anderen Völkern in Neuguinea gewesen, den *Baining* und den *Sulka*; allerdings war es ihm dort nicht gelungen, Gewinn bringende Forschungsarbeit zu leisten. Dem ersten Aufenthalt bei den Iatmul folgt eine ausführliche Beschreibung des Stammes unter dem Titel *Social Structure of the Iatmul People of the Sepik River* (1932b u. 1932c).

Der zweite Aufenthalt, der zur Bekanntschaft mit Margaret Mead führt, hat nach einem längerem Ringen *Naven* zum Resultat, eine Studie, die in ihrem vollen Titel einen ersten Eindruck des darin vollzogenen Spagats vermittelt: *Naven. A Survey of the Problems suggested by a Composite Picture of the Culture of a New Guinea Tribe drawn from Three Points of View* (1936a). Das Buch soll aus verschiedenen Blickwinkeln die Kultur der Iatmul analysieren und zugleich die Gültigkeit der dabei entwickelten Theorien überprüfen. Bateson selbst nennt dieses Buch später „plump und unbeholfen, in Teilen beinahe unleserlich" (1958a, p. 281). Der britische Ethnologe Radcliffe-Brown, Mitbegründer des sozialwissenschaftlichen Funktionalismus, bezeichnet dagegen Bateson in einer Rezension als „gewissenhaften und fähigen Denker“ und *Naven* „sehr entschieden [als] ein empfehlenswertes Buch für nachdenkliche Leute“ (Radcliffe-Brown 1937).

Die Iatmul

Die Iatmul werden von Bateson als ein „feines, stolzes, kopfjagendes Volk“ (Bateson 1936a, p. 4) beschrieben, das in großen Dörfern mit 200 bis 1000 Menschen lebt. Auch heute siedeln die Iatmul noch am Sepik, einem breiten Fluss in Neuguinea, der ihnen sowohl als wichtigste Nahrungsquelle als auch als Transport- und Kommunikationsweg dient.

Von seiner ersten, sechsmonatigen Reise bringt Bateson das Eingeständnis mit, am Verständnis der Struktur ihrer Lebensführung gescheitert zu sein (1932c, p. 432). Sein erster Bericht über die Iatmul behilft sich mit klassischer Gliederung in Umgebung, Religion, Riten, Sozialverhalten und Mythen. Dies ergibt einen bunten Bilderbogen, mit dem er allem Anschein nach nicht sonderlich zufrieden ist.

Im Rahmen dieser Beschreibung wird allerdings das grundlegende Muster einer zweigeteilten Lebensorganisation theoretisch fruchtbar gemacht: Die beiden Geschlechter sind im täglichen Leben fast vollständig voneinander geschieden. Während sich die Frauen um Haushalt, Kinder und die Nahrungsversorgung kümmern, verbringen die Männer den Tag überwiegend in den für Frauen verbotenen Zeremonienhäusern oder organisieren groß angelegte Jagden.

Die Zweiteilung nimmt einen noch breiteren Raum ein: Die Dörfer sind strukturell in patrilineale und matrilineale Hälften geteilt, außerdem besteht eine Trennung von Generationen und Altersklassen, die sich in einer alternierenden Reihe vollzieht. So sind die Großväter ihren Enkeln mehr verbunden als Söhne ihren Vätern. Brüder sind überdies gewöhnlich untereinander bei Streitigkeiten dahin gehend verbündet, dass der erste und der dritte gegen den zweiten und vierten stehen. Auch die Musik kündet von Zweiheiten: Auf den großen Bambusflöten spielen die Männer jeweils paarweise. Nach ein, zwei Tönen ergänzt die stimmlich versetzte zweite Flöte die Töne der ersten. Konträr ist auch das Verhalten der Geschlechter. Während die Männer ein stolzes, prahlerisches und aggressives Verhalten zur Schau tragen, verhalten sich die Frauen ruhig und unauffällig.

Es gibt eine besondere Zeremonie, die Bateson zunächst nur beiläufig erwähnt, und diese heißt *Naven*. Naven ist eine spezifische Handlung, die der Bruder der Mutter eines Kindes vollzieht, wenn das Kind zum ersten Mal eine gesellschaftlich relevante Handlung durchführt. Die Spanne derartiger Handlungen reicht dabei vom erstmaligen Fangen eines Fisches bis zur ersten Tötung eines Menschen (bei Jungen). Entsprechend der Bedeutung der jeweiligen Handlung, wird das *Naven* nur kurz in Gestalt einer Geste ausgeführt oder aber mit einem großem Fest gefeiert. Die *Naven*-Zeremonie erweist sich später in dem gleichnamigen Buch Batesons als ein fundamentales Charakteristikum für die Organisation und den Zusammenhalt der Iatmul.

Neben der Kopfjagd, die zur Zeit des Besuchs von Bateson aufgrund von Verboten der Regierung nicht mehr praktiziert wurde, spielen Mythen eine zentrale Rolle. Jeder der zahlreichen Clans verfügt über eigene Mythen, in denen die gesamte erfahrene Welt sinnhaft verbunden wird. Diese Mythen sind strukturiert über die Namen der Ahnen eines Clans. Etliche der Männer scheinen über die Kenntnis mehrerer tausend Namen[1] und damit über entsprechend hohen sozialen Status zu verfügen. Die Mythen jedes Clans sind geheim und dokumentieren über Namensverflechtungen Beziehungen zur gesamten Welt: Fische und Gebrauchsgegenstände ebenso wie die Ursprünge des Volkes und der Welt.

Anfang der Dreißigerjahre ist die Kultur der Iatmul jedoch im Niedergang begriffen. So sorgen aus der Ferne zurückkehrende Dorfmitglieder mit ihrem Hohn und ihrer Verachtung für die alten Sitten und Gebräuche für eine deutliche Desintegration. Den vorgefundenen Status quo konstatierend, spricht Bateson den Vorteil der Physiker, Chemiker und Biologen gegenüber den Sozialwissenschaftlern an. Sie alle verfügen über Möglichkeiten der Kontrolle über das untersuchte Material. Der Ethnologe dagegen stehe nicht nur allein in der Fremde, er müsse auch nehmen, was ihm geboten werde, und angesichts einer sterbenden Kultur so viel wie möglich ansammeln und damit zugleich die Rolle eines Anatomen, Physiologen und Genetikers übernehmen (1932c, p. 439 f.).

1 Bateson spricht von bis zu 20 000 Namen (1936a, p. 126).

1.2 Erste Strategien

Angesichts derartiger Probleme nimmt Bateson Zuflucht zur Biologie. Diese bot sich ihm in besonderer Weise an: Er hatte anfangs, einer Familientradition folgend, Biologie studiert, bevor er dann in die Ethnologie überwechselte. Sein Vater William Bateson war ein bekannter Genetiker, der an der Wiederentdeckung der mendelschen Vererbungsgesetze mitbeteiligt war und auf den sogar der Begriff *Genetik* selbst zurückgeht. Von Kind auf war der nach Gregor Mendel benannte Gregory umgeben gewesen von Feldern mit Versuchspflanzen und Fragen nach Symmetrie und Vererbung, so berichtet Batesons Biograph David Lipset (1980, p. 28 f.).

Er versucht also, biologische Vorgehensweisen auf die Ethnologie zu übertragen. Als erste mögliche Analogie diskutiert er dabei die Unterteilung in *Struktur* und *Funktion*. Strukturen sind in der Biologie gewöhnlich unveränderliche Phänomene, Funktion steht für Veränderungen über eine gewisse Zeitspanne hinweg (Bateson 1932c, p. 440). Die Unterscheidung aber, was im ethnologischen Kontext als unveränderlich und was als sich verändernd anzusehen ist, ist nur schwer zu treffen. Daher erwies sich dieser Versuch der Analogiebildung als schwierig. Auf weiterer Suche nach passenden Analogien in der Biologie versucht er sich auch mit der Übertragung der Begriffe *Morphologie* und *Physiologie*.

Bateson attackiert bereits damals althergebrachtes Wissenschaftsverständnis. In einem Vortrag scheint er für seine Klassifikation der Iatmul als *totemisch* gerügt worden zu sein, weil deren Verhalten nicht allen der an Totemismus angelegten Kriterien gerecht werde. Er macht sich darüber lustig: Die Festsetzung und Auflistung irgendwelcher ausgewählter Merkmale sei einigermaßen lächerlich, weil stets willkürlich. Dadurch entstehe dann das ebenso lächerliche Ergebnis, dass man in dieser Denklogik die Iatmul aufgrund zu 75 % erfüllter Kriterien als in demselben Maße totemisch bezeichnen müsse.

Um von dieser Willkür wegzukommen, schlägt er vor, die drei biologischen Typen der *Äquivalenz* in die Ethnologie umzusetzen: *Homologie, Analogie* und *Homonymie* (1932c, p. 447). Ihre mögliche Verwendung in der Ethnologie beschreibt er zwar in *Social Structure of the Iatmul*, weicht aber in *Naven* von diesem Vorhaben wieder ab. Dort bleibt zwar die Dreiheit der Untersuchungsarten erhalten, doch stellt sie sich dort als eine Unterteilung in *Ethos, Eidos* und *Soziologie* dar. Dabei steht *Ethos* für die Untersuchung affektiver Beziehungen (emotional als folgerichtig angesehenes Verhalten), *Eidos* für die Untersuchung logischer und struktureller Beziehungen (Verhalten wird als logisch folgerichtig begriffen) und *Soziologie* für das Verhalten der Individuen in Bezug auf die Bedürfnisse der Gruppe (Solidarität der Gruppe wird gefördert oder nicht).

1.3 *Naven:* Das Konzept der Schismogenese

Das Konzept der *Schismogenese* bildet den Anfang jenes Denkens, das Bateson auszeichnet. Es wird Mitte der Dreißigerjahre nach dem zweiten Aufenthalt bei den Iatmul entwickelt. Ansatz dafür ist die Analyse des *ethologischen Kontrasts* (Bateson 1936a, p. 171). Dieser stellt sich dar in Form von Unterschieden hinsichtlich des affektiven Verhaltens von Individuen innerhalb einer Gruppe, so etwa in unterschiedlichen gefühlsbedingten Handlungen der beiden Geschlechter.

In der von Bateson dabei eingenommenen Position wird vorneweg auf die Beschreibungen von Individuen als unabhängigen, *monadischen* Einzelwesen verzichtet. Da sich Haltungen nur im *Verhalten* offenbaren können, besteht die zu vollziehende Analyse in der Untersuchung von Beziehungen. Dabei gibt er beispielsweise die Beschreibung eines Menschen als „unterwürfig" auf zugunsten einer relationalen, systemischen Sichtweise: In welcher Beziehung, d. h. zu wem verhält sich jemand unterwürfig?

Bei den Iatmul findet Bateson Unterschiede zwischen dem Verhalten von Männern gegenüber Männern, Männern gegenüber Frauen und Frauen gegenüber Frauen. Letzteres wird als *kooperativ* (1936a, p. 148) beschrieben und in *Naven* nicht in demselben Maße analysiert wie die anderen beiden Verhaltensmuster. Das Interesse gilt bereits hier Abweichungen, möglichen Pathologien und sichtbar dynamischen Phänomenen.

Die Männer stehen bei den Iatmul gewöhnlich in einer intensiven Konkurrenz. Auf das Prahlen des einen antwortet der andere mit Prahlerei, was den Ersten wiederum zu verstärktem Prahlen animiert, wobei sich das gegenseitige Prahlen gegebenenfalls immer weiter aufschaukelt. Dieses Verhalten bezeichnet Bateson als *symmetrisch.* Soweit es keine gegenläufigen, deeskalierenden Tendenzen gibt, entwickelt sich eine solche Interaktion auf einen Zusammenbruch hin – eine „progressive Differenzierung“ ereignet sich, ein Prozess, den er als *Schismogenese* bezeichnet (1936a, p. 175 f.). Die Beziehung zwischen Männern und Frauen ist hingegen von einem anderen Charakter. Dort steht dominantes Verhalten der Männer gegen unterwürfiges der Frauen. Die Situation ist *komplementär* und gleichfalls instabil und somit schismogen.

Wie kann es aber trotz derartiger Tendenzen Stabilität innerhalb einer Kultur geben? In *Naven* geht Bateson davon aus, dass kleinere Beimengungen des je anderen Schismogenesetypus diesen Prozess auszugleichen imstande sind (p. 193). Kooperatives, *reziprokes* und damit nichtschismogenes Verhalten wird zwar als vorhanden erkannt (1935b*, S. 109)[2], aber als mögliches Bindemittel nicht weiter diskutiert.

Im Nachwort zur 20 Jahre später erfolgten Zweitauflage von *Naven* stellt er jedoch ebendies als einen deutlichen Mangel des Konzepts fest. Die sich ausgleichenden Vermengungen der schismogenen Strukturen seien zufälligen Charakters und somit nicht hinreichend, den Prozess auszugleichen und Stabilität zu erzielen (1958a, p. 287). Das Konzept sei damit fehlgeschlagen.

Die von Bateson angeführten Orte eines möglichen Auftretens von Schismogenese verdeutlichen allerdings trotzdem die Relevanz des Gedankens und werfen zudem ein Licht auf künftig von ihm verfolgte Fragen. Er zählt vier Bereiche auf: (1) in engen Beziehungen zwischen Individuen, (2) in der „progressiven Fehlanpassung“ neurotischer und präpsychotischer Individuen, (3) in Kontakten unterschiedlicher Kulturen sowie (4) in der Politik; internationale Rivalitäten sind symmetrisch, Klassenkampf komplementär (1936a, p. 186). Die letzten beiden Punkte werden von ihm in den Vorkriegsjahren und während des Zweiten Weltkriegs weiterverfolgt, die Ersteren umschließen bereits die Frage nach der Verursachung von Schizophrenie und münden in die mit Jürgen Ruesch erarbeitete Kommunikationstheorie sowie Batesons *Double-bind-Theorie* als neuer Sicht von Pathologien menschlicher Beziehungen ein.

2 Hinweis zur Zitierweise: Ein hinter der Jahreszahl stehender Stern* verweist darauf, dass nicht nach der Seitenzahl der Originalveröffentlichung zitiert wurde, sondern nach der 1972 erschienenen Aufsatzsammlung „Ökologie des Geistes“ (1972a). Dabei wird jeweils die Seite der deutschen Übersetzung von H. G. Holl angegeben.

1.4 Bali: Muster stabiler Gesellschaft

Zur Aufgabe des Schismogenesekonzeptes führt auch die gemeinsam mit Margaret Mead unternommene Forschungsreise nach Bali. Grund der Reise ist die Hoffnung auf Erweiterung von Hypothesen über weltweit vorherrschende Temperamente (Lipset 1980, p. 149). Bateson äußert rückblickend, dass er das Gefühl hatte, dass „dieses Hilfsmittel [die Schismogenese; W. L.] der neuen Aufgabe unangemessen war" (1949a*, S. 157).

Nachdem sich Bateson und Mead 1932 in Neuguinea kennen gelernt hatten, heiraten sie im Jahre 1936. Aus der Ehe geht eine Tochter hervor, Mary Catherine Bateson, die ihrerseits ebenfalls Anthropologin wird. Die Ehe von Bateson hat Bestand bis 1946 und wird 1950 geschieden.

In Bali verbringen Bateson und Mead mit kurzen Unterbrechungen fast zwei Jahre, 1936 bis 1938. Das Resultat der gemeinsamen Arbeit ist *Balinese Character* (1942a), ein richtungweisendes Werk innerhalb der Ethnologie. Statt verbaler Beschreibung wird die fotografische Analyse als Mittel der Darstellung gewählt. Insgesamt 25 000 Fotos werden gemacht und etwa 7000 Meter Film gedreht. *Balinese Character* ist das Resultat einer Auswahl von 759 Fotos. Im Übrigen äußert sich Bateson in mehreren Aufsätzen zur Kultur der Balinesen.

Die Balinesen sind in ihrer Lebenshaltung sehr verschieden von den Iatmul. Während die Iatmul ebenso wie Europäer zur „Maximierung einfacher Variablen" wie etwa Wohlstand tendieren (1949a*, S. 176), ist derartiges Verhalten den Balinesen fremd. Mehr noch, der Aufbau intensiver emotionaler Spannung wird so weit wie möglich vermieden. In der Erziehung bedeutet dies das Einhergehen von Stimulanz mit Frustration. Bateson und Mead illustrieren dies anhand des Beispiels einer Mutter, die einen kleinen Flirt mit ihrem Kind beginnt, d. h. es „an seinem Penis (zieht) oder es sonst irgendwie zu zwischenmenschlichen Aktivitäten (reizt)" (S. 162). Erregt sich aber das Kind, wirft seine Arme um den Hals der Mutter, schweift ihre Aufmerksamkeit wieder ab. Zeigt das Kind daraufhin Wut, amüsiert sich die Mutter darüber. Zugleich (Bedingung, Folge oder ohne weiteren Zusammenhang?) zeigt sich die balinesische Gesellschaft als eine „Ökonomie des Überflusses".

Der Widerspruch, der sich im Ethos der Balinesen gegen den Ethos der Iatmul zeigt, reizt das Abstraktionsvermögen Batesons.

Sein Blickwinkel weitet sich: Bali, die stabile Gesellschaft, wird verglichen mit der westlichen, instabilen Zivilisation (1937, p. 111 f.). Über die Beobachtung einer Kultur wie der balinesischen erhoffen sich Bateson und Mead mitten im Zweiten Weltkrieg Hilfe bei dem Problem einer zu errichtenden Nachkriegsordnung (1942a, p. XVI).

Der Gegensatz zwischen den Balinesen einerseits und der Europäer wie Iatmul andererseits lässt sich an zwei weiteren Merkmalen festmachen: So kultivieren Europäer und Iatmul schismogene Beziehungen, die sich mit einer *romantischen* Einstellung zur Vergangenheit paaren (1937, p. 134). Vergangenheit hat Bedeutung: Sie liefert Gründe und Ursachen für das Handeln. Dagegen fehlen auf Bali derartige Strukturen, mehr noch: Wer der Vorstellung der Maximierung von Reichtum anhängt, verschafft sich den Status eines Sonderlings (1949a*, S. 167). Und die Vergangenheit, schwer verständlich für den europäischen Verstand, ist ohne jegliche Autorität. Geschichte spielt sich gewissermaßen nur in den gelebten Beziehungen ab (1937, p. 134). Das balinesische Weltbild ist aber auch in anderer Hinsicht verschieden. Die balinesischen Gottheiten ermangeln ganz persönlicher Eigenschaften (p. 135), sie werden als *Kinder* der Balinesen adressiert und nicht als Herren oder Schöpfer. Regelverstöße werden nicht als Angriff auf eine Person angesehen, sondern als gegen die Ordnung gerichtet (S. 1949a*, 171). Sie werden dabei auch nicht als Ausfluss einer niedrigen Gesinnung oder dergleichen gewertet, sondern als Resultat von Dummheit oder Ungeschicklichkeit. Die Höchststrafe besteht in der Vertreibung aus der Gemeinschaft. Was würden die Balinesen zu dem Gedanken sagen, Menschen als Verbrecher zu brandmarken und ihnen für einige Jahre oder gar lebenslang den Anblick der Sonne zu verwehren?

Nach unseren Maßstäben könnte man die balinesische Kultur als *schizoid* bezeichnen (1942a, p. XVI). Damit wird jedoch bereits die Annahme einer Möglichkeit entsprechender prädisponierender Kindheitserfahrungen ausgesprochen. Die durch den Aufenthalt auf Bali für Bateson forcierten Fragen kreisen darum, wie Charakterbildung stattfindet, in welchen Bereichen dabei Alternativen möglich sind; in welcher Wechselwirkung Charakterstrukturen im größeren Kontext der Gesellschaft stehen und wie diese Prägung anders, als tatsächlich erfolgend, vor sich gehen könnte.

1.5 Lockeres und strenges Denken

Schon früh praktiziert Bateson eine Herangehensweise, die er in einem Referat als „Verbindung lockeren und strengen Denkens" (1941a*, S. 117) bezeichnet.

Naven eröffnet er mit einer Spekulation über die jeweiligen Vorzüge künstlerischer und wissenschaftlicher Techniken (1936a, p. 1). Gewählt wird dann zwar der wissenschaftliche Weg der Darstellung, doch kündet die Konzeption des Buches zugleich von einem gewissem künstlerischen Impetus. Die Durchführung der Analyse – von der anfangs recht sonderbar wirkenden Darstellung der *Naven*-Zeremonien über die strukturalen, soziologischen, ethologischen und eidologischen Analysen bis hin zum alles umschließenden Epilog – verrät den Wunsch, aus engen wissenschaftlichen Kategorien auszubrechen, und setzt zugleich die anfänglich geschilderten *Naven*-Zeremonien in das Licht eines neuen Verständnisses.

Batesons Schreiben zeichnet sich dabei durch den Hang aus, Sachverhalte über Abstraktionen zu fassen. Die dabei entwickelten Kategorien dienen aber ihrerseits auch wiederum der Hinterfragung. So erzählt er von der Durchführung eines „kindischen Experiments" (p. 262), in dem er seine drei Aspekte der Kulturbetrachtung, *Ethos, Struktur* und *pragmatische Funktion*, mit je einem Beispiel auflistet und danach feststellt, dass sich jedes Beispiel unter *jedem* der drei Aspekte analysieren und verstehen ließe. Die Reduktion eines Phänomens auf einen Aspekt verhülle also den Gesamtkomplex wirkender Parameter und stelle somit eine *falsche Konkretisierung* dar. Hierin zeigen sich die Anfänge einer systemischen Sichtweise, die Bateson schon früh weg von plumpem Reduktionismus und somit der illusorischen Hoffnung auf einfache Erklärungen führt.

Bateson beschreibt sich selbst damals als von einem mystischen Glauben an die „durchgängige Einheit der Phänomene dieser Welt" (1941a*, S. 116) beseelt. Mit diesem Glauben leiht er sich seine Werkzeuge aus der Biologie und anderen Wissenschaften aus, lässt sich dahin treiben von wilden Ahnungen und Ideen, um dann aber die Ideen formalem Nachdenken und strenger Wissenschaft zu unterwerfen – ein Vorgehen, das er als Grundlage für den Fortschritt im wissenschaftlichen Denken ansieht. Mehr noch: Wissenschaftlicher Fortschritt werde aufgehalten, wenn man sich zu lange entweder auf strenges oder auf lockeres Denken spezialisiere (S. 131). Bateson behilft sich dabei mit der Verwendung von Begriffen mit eindeutigem Gefühlswert wie *Stoff, Teil* oder *Gefühl* einer Kultur, um damit die *Vagheit* der vollzogenen Abstraktionen zu markieren und zugleich trotzdem mit ihnen weiterarbeiten zu können.

Die Konstruktion und Verwendung von Polaritäten erscheint damit als Charakteristikum seiner Wissenschaftspraxis. Hier steht lockeres gegen strenges Denken – aber beides bedingt einander. Dort steht die Analogie, die sich auf Strukturgleichheit mit anderen Disziplinen gründet, aber ihren Wert an genau dem Punkt erst erreicht, wo sie eben nicht mehr funktioniert und an der Bruchstelle ein anderes Strukturprinzip in seinem Wirken aufdeckt. Das Denkmodell ist dualistisch und dialektisch, und es verwundert kaum, wenn sich Bateson im Epilog von *Naven* die Mischung schließlich auch auf *hegelsche Dialektik* beruft (1936a, p. 266).

Naven gilt in der Ethnologie heute als ein „Klassiker unter den Pionierwerken funktionalistischer Anthropologie" (Marcus 1985, p. 67). Zwar wird die Studie als empirisch wenig Gewinn bringend angesehen, stellt aber durch ihre Methodik eine Inspirationsquelle für experimentelle ethnographische Studien dar (p. 79). Das Konzept der Schismogenese, Batesons Vorläufer der Kybernetik, wird neuerdings wieder aufgegriffen und angewendet (Shore 1982, p. 193 f., 202 f.).

Die ethnologische Kritik an *Naven* streicht einhellig seine intellektuelle Schärfe heraus. Es wird aber oft die Befürchtung geäußert, dass der ethnologisch interessierte Leser damit überfordert sein könnte. Zudem wird auf den schwachen Ertrag an empirisch fundiertem Wissen in *Naven* verwiesen.[3]

Balinese Character ist in der Rezeption belastet durch den ungünstigen Veröffentlichungszeitpunkt mitten im Krieg. Als ein Werk von Pioniercharakter gilt es jedoch gleichwohl. Die fotografisch orientierte Herangehensweise von Bateson und Mead machen es beispielsweise in dem von Uwe Flick herausgegebenen *Handbuch Qualitative Sozialforschung* zu einem „Klassiker der qualitativen Sozialforschung" (Wolff 1991, S. 136).

3 Vgl. Dollard (1937); Radcliffe-Brown (1937); Gulick (1959); Marcus (1985).

2 Kulturvergleich

Mit dem Ausbruch des Zweiten Weltkrieges ist ethnologische Feldarbeit nicht weiter möglich. Bateson reist von seiner Wahlheimat USA nach England, um seine Hilfe bei der Landesverteidigung anzubieten. Man hat dort allerdings keine Verwendung für ihn. Er kehrt in die USA zurück, wo er verschiedene kurzzeitige Projekte durchführt und vom Sommer 1943 bis Kriegsende in der psychologischen Kriegsführung für Südostasien mitarbeitet.

Während der Kriegszeit entwickelt er, teilweise mit Margaret Mead, Analysen zu *Nationalcharakter* und *Moral*. Zudem analysiert er verschiedene Nazi-Filme, insbesondere den 1933 gedrehten *Hitlerjunge Quex*.

Sein Interesse besteht dabei darin, Unterschiede im Nationalcharakter verschiedener Kulturen zu erkennen, um damit Strategien zu einem verbesserten internationalem Austausch erarbeiten zu können. Zugleich wird mit der Erkenntnis von kulturellen Unterschieden aber auch die Frage nach der Prägung aufgeworfen, die etwa einen Deutschen sich in einem anderen Wertemuster als einen Engländer verhalten lässt. Ziel und Aufgabe sind dabei die „Errichtung einer neuen Welt" (1942a, p. XVI) nach dem Krieg, aber auch psychologische Handreichungen für die Kriegsführung.

2.1 Kulturvergleich in *Naven*

Liest man *Naven* im Hinblick auf kulturvergleichende Analysen, nimmt das Schismogenesekonzept eine zentrale Rolle aufgrund seiner Anwendbarkeit auf den Kontakt zweier Kulturen ein. Wiederum sind sowohl Prozesse symmetrischer als auch komplementärer Schismogenese beobachtbar. Bateson stellt hierbei drei mögliche

Endpunkte dieser Prozesse dar: (a) die Verschmelzung der beiden Gruppen, (b) die Eliminierung einer der beiden sowie (c) der Fortbestand beider in einem dynamischen Gleichgewicht innerhalb einer größeren Einheit (1936a, p. 183 f.). Von näherem Interesse ist aber für ihn nur Letzteres. Die Sicherung des Fortbestands der Kulturen entspricht allein dem Ziel, die Verschiedenheit der Kulturen in einem größeren und damit abstrakteren Ganzes aufgehen zu lassen.

Kulturen unterscheiden sich auch in ihrer inneren Differenzierung. Bei den Iatmul entzünden sich Konflikte zwischen Clans, also entlang den Verwandtschaftslinien. Der Prozess ist symmetrisch, und das Resultat einer Spaltung sind Tochtergruppen, welche dieselben Normen tradieren. Bei den Europäern hingegen entstehen Konflikte an Normen, ein komplementärer Prozess führt zur Abspaltung normativ abweichender Gruppen, mit Spaltungen, die quer durch Familien verlaufen können.

Auch im Feld damaliger europäischer Politik (man schreibt das Jahr 1936) verortet Bateson symmetrische und komplementäre Differenzierungsmuster. So offenbart sich der instabile Status der europäischen Politik in der *symmetrischen* Schismogenese internationaler Rivalitäten. *Komplementäre* Schismogenese zeigt sich im „Klassenkampf". Politiker offenbaren sich hierbei als ebenso unfähig zu anderem Verhalten wie *Schizoide* bezüglich ihrer Anpassung an die Wirklichkeit (p. 186).

2.2 Der Kontext des Lernens

Die während des Krieges veröffentlichten kulturanalytischen Aufsätze datieren fast durchweg aus den Jahren 1941 bis 1943. Danach scheint Bateson sein Engagement in der psychologischen Kriegsführung, das mit einem längeren Aufenthalt in Asien verbunden war, von weiteren Arbeiten in dieser Richtung abgehalten zu haben.

Ausgehend von der Tatsache, dass sich bei den verschiedenen Kulturen der Erde die unterschiedlichsten Verhaltensmuster und Charaktertypen zeigen, ergibt sich bei der Frage nach den Ursachen für Bateson rasch die Unwahrscheinlichkeit genetischer Unterschiede als allein ausschlaggebend. Menschliches Verhalten ist immer auch durch das soziale Umfeld beeinflusst (1941e, p. 267). Auch menschliche Charakterzüge erscheinen in dieser Perspektive als das Resultat von Lernerfahrungen. Daher ist die Art und Weise, wie sich Lernen vollzieht, von besonderem Interesse.

Bateson abstrahiert von der bloß „episodischen Ebene" eines jeweiligen Lernerfolges auf den *Kontext*, in dem dieses Lernen erfolgte: Entsprechend der Art der Lernkontexte erwirbt das Subjekt ein entsprechendes Verhalten, das mit einer Erwartungshaltung gegenüber der Welt gekoppelt ist. Die gesamte Welt erscheint in der Art strukturiert, in der sich das Lernen ereignet hat. Bateson sieht darin auch einen Zugang zur jeweiligen *Weltanschauung*[4]. Als Beispiel für derartige Prägungen führt er *Ängstlichkeit* als Folge von Lernkontexten an, bei denen Lernerfolg von Bestrafung begleitet wird.

Ein totaler Determinismus dieser sozialen Prägung wird dabei jedoch nicht behauptet. Es scheint aber, dass die Kombination aus genetischer Veranlagung und sozialer Prägung für Bateson determinierend ist. Welche Bedeutung dann Freiheit bzw. Verantwortlichkeit einnehmen könnte, thematisiert er allerdings nicht.

Gelernt wird nun aber nicht bloß *Ängstlichkeit* oder *Unterwürfigkeit*, gelernt wird ein komplexeres, ein *bipolares* Muster. Ein Individuum eignet sich also nicht bloß Unterwürfigkeit als Verhalten an, es erwirbt zugleich auch den anderen Pol, muss also als in einem bipolaren Muster *Herrschaft/Unterwerfung* erzogen gedacht werden (1942g*, S. 137). Dieses Phänomen nennt Bateson „Endverknüpfung" (*end-linkage*; vgl. 1972a, S. 215): Die Kontextstrukturen können selbst Mitteilungscharakter aufweisen. So zeigt sich etwa im Vergleich von englischer mit amerikanischer Erziehung, dass zwar in beiden Kulturen den Eltern Herrschaftsstatus zugewiesen wird, dies aber bei den Engländern mit elterlichem Exhibitionismus gegen Voyeurismus der Kinder gekoppelt wird, während sich bei den Amerikanern das umgekehrte Muster zeigt (1942g*, S. 150). Das amerikanische Kind wird über den Voyeurismus der Eltern ermutigt, Unabhängigkeit zu demonstrieren. Darin spiegeln sich die unterschiedlichen Rollenzuweisungen, die in beiden Kulturen vorgenommen werden. Das Kind lernt seine Rolle als Kind, baut zugleich aber auch Grundlagen für seine spätere komplementäre Rolle als Erwachsener auf. Die Kombinationen derartiger Beziehungsmuster dokumentieren Unterschiede der englischen, amerikanischen und

4 Im Original deutsch.

der deutschen Kultur und geben somit Anhaltspunkte für den Verhaltenskodex einer Nation, den Nationalcharakter.

Zudem entsprechen diese bipolaren Muster einem – zumindest in den westlichen Kulturen – sehr verbreiteten dualistischen Denken, so wie etwa *links/rechts, republikanisch/demokratisch, Gott/Teufel* (S. 142). Diese Bipolarisierung wird aber auch bei Prozessen angewendet, die nicht von Natur aus dual sind, so etwa *Jugend/Alter, Arbeit/Kapital* und *Geist/Materie*, wie Bateson ausführt. Für die Ausweitung des Musters zu Dreiecksystemen bestehen dabei im Allgemeinen nicht die entsprechenden „organisatorischen Mittel". Die von ihm dazu aufgelisteten Beispiele sind allerdings auch eher trivial, so etwa *König/Minister/Volk*.

Das bipolare Denken ist zugleich Charakteristikum wie Problem. Entsprechend dem Konzept der Schismogenese, verortet Bateson hier wiederum symmetrische und komplementäre Motive, gibt aber die Verwendung des Begriffs *Schismogenese* mit der diesem innewohnenden fatalen Logik einer Unumkehrbarkeit auf, hat den Begriff sogar damals vergessen, wie er in einem späteren Kommentar schreibt (1972a, S. 215).

Aus der Analyse dieser Erziehungsmuster werden einige Schlussfolgerungen für die amerikanische Kriegsführung abgeleitet. Die zugrunde liegende Annahme ist dabei die, dass Menschen am energischsten reagieren, wenn der Erfahrungskontext so strukturiert ist, dass er an gewohnte Reaktionsmuster appelliert (1942g*, S. 153). Aus der Erkenntnis der Tendenz zu bipolarem Denken bei den Amerikanern schlägt er vor, die verschiedenen Feinde als *ein* feindliches Einzelwesen aufzufassen. Aus dem für Amerikaner typischen Verhaltensmuster einer energischen Reaktion auf symmetrische Reize folgert er, dass die Schrecken des Krieges nicht verharmlost werden sollten. Gleichzeitig versucht Bateson aber auch, die Bedingungen für einen Frieden zu konstruieren, der für Amerikaner und Engländer Anreiz zum Kampf gibt und trotzdem für die Deutschen annehmbar ist, was zu einer Forderung nach mehr Härte als bei der „milden Bestrafung"[5] (S. 155) in Versailles nach dem Ersten Weltkrieg führt.

5 Zum Vertrag von Versailles äußert sich Bateson später in anderer Weise: In einem Vortrag, veröffentlicht unter dem Titel *Von Versailles zur Kybernetik* (1972c*), stellt er den Zweiten Weltkrieg gemeinsam mit der Entwicklung einer sehr strikten puritanischen Ethik als notwendige Folge aus der in Versailles vollzogenen Umkehrung milder Waffenstillstandsbedingungen in harte Reparationen dar.

2.3 Filmanalyse

Dem deutschen Nationalcharakter versucht Bateson auf Umwegen nahe zu kommen, nachdem kriegsbedingt klassische Feldforschung nicht möglich ist. Er führt Interviews mit Exildeutschen und analysiert nationalsozialistische Propagandafilme. An zentraler Stelle steht dabei eine umfangreiche Analyse des Films *Hitlerjunge Quex*. Margaret Mead und Rhoda Métraux vermerken dazu, dass diese Analyse die erste ihrer Art gewesen sei (Mead a. Métraux 1953, p. 302).

Neben einer Zusammenfassung des Filminhaltes – die Hauptfigur ist Heini, der, zwischen Kommunisten und Hitlerjugend stehend, sich für Letztere entscheidet, von dieser zurückgewiesen wird, aber trotzdem für sie als Märtyrer stirbt – analysiert Bateson den Film unter fünf Gesichtspunkten. Den Filmanalysen liegt die Annahme zugrunde, dass neben dem propagandistischen Zweck solcher Filme auch die allgemeine Lebenshaltung transportiert wird (1943a, p. 138). Geeignet für die Analyse seien dabei insbesondere solche Filme, die zum einen eigene Produkte der betreffenden Region sind und zum anderen dort auch erfolgreich waren, also dem Massengeschmack entsprachen. Deutsche Filmproduktionen haben laut Bateson seit 1919 alle Höhen und Tiefen des Staates gespiegelt (1944e, p. 427 f.).

Die Analyse von *Hitlerjunge Quex* resultiert in der Feststellung einer Verknüpfung von Ideologie mit Familienstruktur und deren intendierter totalen Zerstörung durch den Nationalsozialismus. Das erhoffte Tausendjährige Reich zeigt sich als erkauft durch symbolischen wie faktischen Tod und nachfolgende heldische Reinkarnation (1943b, p. 305 f.). Die filmische Gegenüberstellung von disziplinierter Hitlerjugend und undisziplinierten Kommunisten kündet von der Notwendigkeit einer von außen gesetzten Disziplinierung (Führerprinzip). Dabei entspricht nach Augenzeugenberichten von Deutschen die Charakterisierung der Kommunisten im Film eher einem Selbstporträt der Nazi-Bewegung als den real straff organisierten kommunistischen Gruppen.

Insgesamt präsentiert der Film die Nazis und damit die Deutschen in einem Spannungszustand, die auf der einen Seite hin nach Puritanismus (*over-pure*) ausschlägt und auf der anderen nach Gemeinheit (*over-dirty;* 1943a, p. 142). Die Schließung dieses Spaltes ist für Bateson notwendig für die Stabilisierung Europas.

2.4 Förderung von Moral

Moral, so ein gemeinsamer Aufsatz von Bateson und Mead, ist keine bloß wissenschaftliche Abstraktion, die in definierbaren Einheiten messbar wäre. Moral ist eine praktische Haltung und keine isolierbare Variable (1941f, p. 206). Dies gilt für die Kampfmoral militärischer Einheiten ebenso wie für die Konstitution demokratischer Werte. Erziehung zur Moral *(morale building)* gleicht dabei idealer Kindeserziehung insofern, als Einstellungen gefördert werden, die kohärent in Bezug auf andere Einstellungen sind – also sozial angepasst sind und keine psychischen Konflikte mit sich bringen. Gegen die *Moral* als eine zu fördernde Haltung stehen *Sozialtechnologie* (1942f, S. 222) und *Propaganda* (1941e, p. 215). Denn diese verstärken Einstellungen, ohne damit eine kohärente Charakterstruktur zu bezwecken, sondern um stattdessen Menschen für eine geplante *Reißbrettgesellschaft* zu manipulieren. Menschen erscheinen damit nicht mehr als Zweck ihrer selbst.

Dabei wird an ein Kardinalproblem angewandter Sozialwissenschaften gerührt. Was soll man mit denjenigen Techniken tun, die es – aus den verschiedensten Anlässen entwickelt – ermöglichen, Menschen zu instrumentalisieren und als bloße Dinge zu behandeln (1942f*, S. 223)? Zugleich stellt dies aber auch ein Problem instrumentellen Denkens dar: Menschen lassen sich nicht werkzeughaft verwenden, so wie man etwa einen Hammer zweckentfremden kann. Menschen erwerben zugleich Gewohnheiten, und selbst eine mit den besten Gründen an Kindern durchgeführte Manipulation wird ihre Lebensanschauung prägen und damit den kurzfristigen Nutzen langfristig zum Schaden gereichen lassen. Allerdings, wenn – wie womöglich bei den Nazis – „der Weg zur Hölle mit schlechten Vorsätzen gepflastert“ ist (S. 225), nutzt dieser Einwand nichts.

Batesons Studien zur Moral lassen sich dahin gehend zusammenfassen, dass er Wert darauf legt, dass man eine demokratische Lebenshaltung nicht manipulativ stärken kann und dass instrumentelles Handeln, indem es Menschen von außen Zwecke zuweist, eine Bedrohung für die Demokratie darstellt. Es muss hier allerdings angemerkt werden, dass die gesamte Argumentation während des Krieges unter einer etwas unwissenschaftlichen Voreingenommenheit leidet. Während nämlich das amerikanische Handeln als rein auf Erziehung und Moralität hin ausgerichtet erscheint, betreiben die

Deutschen anscheinend ausschließlich Propaganda und Manipulation. Das mag zwar als eine grobe Charakterisierung der beiden damaligen Lager zutreffend sein, ist jedoch gewiss stark überzeichnend. Zudem scheint Bateson selbst damals auch nicht weit weg von der Propagierung manipulatorischer Strategien gewesen zu sein.

2.5 Wertmaßstäbe innerhalb vereinigter Nationen

Ziel der Studien zum Kulturvergleich sind jedoch letztlich weniger Handreichungen für die Militärs als vielmehr eine Ordnung der Nachkriegswelt, in der internationaler Austausch und Zusammenarbeit berücksichtigt werden sollen. Als notwendige Voraussetzung hierfür nennt Bateson die Anerkennung der Verschiedenartigkeit menschlicher Kulturen, den Verzicht auf die Bevorzugung einer bestimmten Reihe kultureller Ideen, die sich global als „provinziell" (1942c, p. 93) erweisen. Damit weist er zugleich auch zumindest indirekt die Hegemonie des amerikanischen Wertesystems zurück.

Nach Ende des Krieges spricht Bateson in einem Vortrag vor einer enthusiastischen New Yorker Hörerschaft über Probleme der *Vereinten Nationen*. Hierbei stellt er vor die Frage nach den globalen Folgen atomarer Bedrohung die Frage nach ersten Prinzipien: Bombeneinsatz führt zur Zerstörung einer Kultur und für die Überlebenden auch zu einer Zerstörung jener Werte, die am höchsten geschätzt werden. Dabei verweist er auf seine Erfahrungen bei den Iatmul. Dort hatte die bloße Kulturberührung mit dem Westen ausgereicht, den Sinn ihrer bisherigen Lebensführung und damit den Reichtum ihrer Kultur zu zerstören, wobei an deren Stelle bloße übervereinfachte Eigenarten der dominierenden Kultur traten – roher Hedonismus etwa oder steriler Puritanismus (1947a, p. 49). Damit wird die kulturelle Verantwortung jener deutlich, die sich unter dem Dach der UNO zur Organisation eines Weltganzen zusammenfinden.

Notwendig für ein sicheres Fundament internationaler Zusammenarbeit ist für Bateson die Kenntnis der Eigenarten der Wertemuster verschiedener Kulturen. Dieses Wissen liege aber nur für eine Hand voll Kulturen vor. Noch weniger wisse man darüber, wie sich das kulturell sinnvolle Verhalten eines Menschen in den Augen eines Vertreters einer anderen Kultur darstellt. Die Forschungsarbeit hierüber sei notwendig für die Lösung der Probleme internationaler

Zusammenarbeit, auch wenn man dabei das Gefühl habe, „einen Ozean von Tragik mit einem Teelöffel auszuschöpfen" (p. 50).

Bateson verfolgt diesen Ansatz der Kulturbeschreibung und des Vergleichs von Verhaltensmustern allerdings nicht weiter. Man kann annehmen, dass er angesichts der Unmöglichkeit der Analyse hunderter von Kulturen und der unzähligen möglichen Verknüpfungen von Verhaltensmustern diesen Plan aufgibt. Er wählt dafür aber einen für ihn sehr typischen Weg, und zwar den in eine höhere Abstraktion. Er löst sich vom Vergleich und der Beschreibung von Wertemustern und wendet sich der verstärkten Analyse des Aufbaus der Wirklichkeit und den Bedingungen der Kommunikation zu.

3 Theorie des Lernens

Im Jahre 1942 entwickelt Bateson die erste Fassung seiner Lerntheorie. Diese erweist sich als grundlegend für seine spätere Theorieentwicklungen. Er greift sie über einen Zeitraum von mehr als zwei Jahrzehnten hinweg immer wieder kritisch auf, entwickelt sie weiter und formalisiert sie. Bateson geht hierbei u. a. davon aus, dass sich die Ausbildung von Charakterzügen über bestimmte Lernerfahrungen bzw., genau genommen, Lern*kontexte* vollzieht. Dies macht seine Lerntheorie doppelt bedeutsam: zum einen hinsichtlich des Vollzugs von Lernen und zum anderen hinsichtlich der Ausbildung von Charaktermerkmalen.

3.1 Deutero-Lernen und Charakterbildung

Die erste Fassung seiner Lerntheorie entwickelt Bateson in einem Kommentar zu einem Artikel von Margaret Mead. Als Ausgangspunkt dienen einige Anmerkungen zur Sozialplanung: Über einen Vergleich anderer Völker mit den europäischen zeigt sich, dass gleiche Motivation zu unterschiedlichem Verhalten führen und dass umgekehrt sich in identischem Verhalten unterschiedliche Motivation widerspiegeln kann. Damit erweisen sich diese Phänomene als von Gewohnheiten bestimmt und diese wiederum von Lernprozessen beeinflusst, wenn nicht sogar ihnen unterworfen. Gewohnheiten können sich als „Nebeneffekt des Lernprozesses" (1942f*, S. 225) ausbilden: Eine Prägung durch pawlowsche Konditionierung[6] würde

6 Von Bateson beschrieben als Zeitfolge von bedingtem Reiz (Summer) – unbedingtem Reiz (Fleischpulver). Das Tier lernt dabei, den Summer mit der Futtergabe gleichzusetzen und reagiert auf den Summer mit Speichelabsonderung (1942f*, S. 234).

beispielsweise zu der Erwartung führen, dass alle Ereignisse vorherbestimmt sind und man selbst nur allenfalls deren Vorzeichen erkennen kann. Gewohnheiten werden hierbei auch umschrieben als eine „erworbene Interpunktion“ des „Stroms der Erfahrung“, sodass dieser „die eine oder andere Art der Kohärenz oder Bedeutung annimmt“ (S. 224). Die Analyse der Bildung von Gewohnheiten führt also zur Analyse ihrer Bedingungen und somit auf die Prozesse des Lernens. Bateson verweist u. a. auf die Ergebnisse des Experimentalpsychologen Clark L. Hull (1940), der zeigen konnte, dass die „Versuchsobjekte“ nach wiederholten Experimenten ihre Lernleistung steigerten.

Bateson beschreibt diese Steigerung der Lernleistung als ein „Lernen zu lernen“ und prägt zur weiteren Analyse hierzu zwei Begriffe, *Proto-Lernen* und *Deutero-Lernen*. Damit soll klargelegt werden, dass es bei fortlaufenden Lernprozessen zwei verschiedene Arten von Steigerungen gibt. Proto-Lernen liegt dann vor, wenn ein Versuchsobjekt in einer gewissen Zeit die richtige Reaktion auf einen Reiz erlernt. Deutero-Lernen wird definiert als die „fortschreitende Veränderung im Grad des Proto-Lernens“ (1942f*, S. 230) und damit als der Erwerb einer Fähigkeit, die einfaches Lernen stets begleitet: Ich lerne nicht nur beispielsweise Vokabeln, sondern eben auch Vokabellernen, d. h., die Geschwindigkeit des Lernens erhöht sich. Zugleich vollzieht sich, so Bateson, über das Deutero-Lernen die Ausbildung von Gewohnheiten – bis hin zu „Geisteszuständen“ wie „‚freier Wille‘, instrumentelles Denken, Dominanz, Passivität usw.“ (S. 229).[7] Als Beispiel für weitere Einflüsse auf die Ausbildung von Gewohnheiten führt er Verhaltensweisen wie Liebe und Feindseligkeit an, welche ebenso zur Annahme oder Zurückweisung von Gewohnheiten führen können. Damit bildet sich in dieser ersten Analyse bereits ein Zusammenhang zwischen Lernen, Charakterbildung und Kommunikation.

In seiner Auseinandersetzung mit Gedanken von Margaret Mead stützt er mithilfe dieser Argumentation deren Vorschlag, bei den angewandten Sozialwissenschaften Haltungen zu fördern, die

7 Die Radikalität dieses lerntheoretischen Ansatzes macht Bateson an anderer Stelle deutlich: „Vielleicht ist das, was jeder von uns mit dem ‚Selbst‘ meint, tatsächlich eine Ansammlung von Gewohnheiten der Wahrnehmung und der Anpassungshandlung *plus,* von einem Moment zum anderen, unsere ‚inneren Zustände der Handlung‘“ (1960a*, S. 319).

formal auf instrumentelle Belohnung[8] bezogen sind. Seine Empfehlung mündet darin, eher Automatismen dieser Art als andere in der Erziehung zu begünstigen – mit der Hoffnung auf das Resultat einer „großartigen und glücklichen Person" (S. 246) aufgrund dieser Art der Erziehung. Trotz dieses hehren Zieles bedeutet dies die Absicht von Sozialkonditionierung, eine während der Kriegszeit von Bateson eingenommene Haltung, von der er sich nach Ende des Krieges allerdings deutlich distanzierte (Lipset 1980, p. 184).

3.2 Logische Kategorien im Prozess des Lernens

Zwei Jahrzehnte später hat Bateson diese Lerntheorie weiterentwickelt. Dabei stellt er fest, dass Lernen ein Vorgang ist, der alle Verhaltenswissenschaften betrifft und insgesamt ein Kommunikationsphänomen darstellt. Er hofft in diesem Zusammenhang, Missverständnisse zwischen den Verhaltenswissenschaftlern durch die Anwendung von Bertrand Russells *Typentheorie* (Whitehead a. Russell 1910–13) auf den Begriff des Lernens abzubauen (1972e*, S. 362). Des Weiteren legt er Wert auf die Feststellung, dass auch die Lerntheorien von der „kybernetischen Revolution im Denken" betroffen seien. Dementsprechend bettet er seine ursprüngliche Theorie des Proto- und Deutero-Lernens in ein breiteres Modell ein, welches Lernprozesse in vier Ebenen untergliedert, die sich logisch entsprechend der russellschen Typentheorie aufeinander beziehen.

Da die Typentheorie für Batesons Denken eine sehr wichtige Rolle einnimmt, sei diese kurz in wesentlichen Zügen skizziert: In der Typentheorie werden *Elemente* und *Mengen* von Elementen logisch voneinander getrennt. Stühle können beispielsweise als Elemente bezeichnet werden. Sie bilden gemeinsam eine Menge von Stühlen. Diese Menge aber kann als Abstraktion nicht ein Element ihrer selbst sein: Eine Menge von Stühlen ergibt keinen weiteren Stuhl. Werden aber Mengen und Elemente miteinander vermischt, so ergeben sich daraus notwendig Widersprüche. Deshalb wurde diese Vermischung in der Typentheorie verboten (vgl. Bateson 1972e*, S. 363).

Bateson demonstriert das Problem der Vermischung anhand eines Beispiels aus der Verhaltensforschung. Dort wird im Allgemei-

8 Dafür stehen Sequenzen der Art von: ein eher vager Reiz (z. B. Hunger) – Handlung – unmittelbare Belohnung (vgl. 1942f*, S. 234, 238).

nen angenommen, dass die Häufigkeit von gezeigten Verhaltensweisen mit den Gesetzen der „Verstärkung" beschreibbar ist. Gewisse Verhaltensweisen zeigen sich also durch Futtergabe häufiger bzw. durch Stromschläge weniger häufig. Nimmt man aber nun „Erkundung" als eine Verhaltenskategorie bei Ratten, so würde man entsprechend der Experimentalpsychologie annehmen müssen, dass sich Erkundung über jene Gesetze beschreiben lässt. Erkundung müsste also verstärkbar oder hemmbar sein. Dies aber sei nachweislich empirisch falsch (S. 365). Bateson löst dieses Problem, indem er zeigt, dass Erkundung eine Verhaltens*kategorie* darstellt und damit keine Verhaltens*einheit*. Diesem Unterschied entspricht ein logischer Unterschied zwischen erworbenem Verhalten und fundamentalen Haltungen gegenüber der Welt. Letztere mögen sich zwar in diversen Verhaltensweisen äußern, stehen aber auf anderer Stufe als etwa die Kenntnis einer speziellen Methode zum Futtererhalt: Sie sind die Voraussetzung dafür, dass derartiges Wissen überhaupt erworben werden kann.

Die Übertragung der Typentheorie in die Verhaltenswissenschaften scheint eine originäre Tat Batesons zu sein. Paul Watzlawick bezeichnet dies sogar als dessen „wichtigste(n) Beitrag zu den Verhaltenswissenschaften" (Watzlawick, Weakland u. Fisch 1988, S. 47). Die Typenlehre wird von Bateson in vielfältiger Weise umgesetzt. Er erklärt über diese die Hierarchisierung des Lernens (Lerntheorie) ebenso wie in abstrakterem Diskurs die „Unterschiede zwischen Unterschieden" (1970a*, S. 587). Den Rang der in den *Principia Mathematica* von Whitehead und Russell entwickelten Typentheorie macht Bateson folgendermaßen klar: „Sofern die Verhaltenswissenschaftler noch immer die Probleme der *Principia Mathematica* ignorieren, können sie für sich in Anspruch nehmen, seit annähernd sechzig Jahren hinter dem Mond zu sein" (1972e*, S. 362). Die Missachtung der Typentheorie bedeute beispielsweise, „die Speisekarte anstelle der Mahlzeit zu essen" (S. 363), oder den *Namen* einer Sache mit der Sache selbst gleichzusetzen.

Für Batesons Lerntheorie erbringt die Anwendung der Typentheorie und die in ihr erfolgende Hierarchisierung in Elemente, Mengen von Elementen und Mengen von Mengen letztlich eine Unterteilung in vier Ebenen des Lernens. Hierbei definiert Bateson zunächst „Lernen" allgemein als „eine Veränderung irgendeiner Art" (S. 365). Die einfachste Ebene bezeichnet er als *Lernen 0*, was einfacher Informationsaufnahme entspricht. Es stellt ein Lernen minimaler Art dar, etwa wenn man von einer Werksirene „lernt", dass es nunmehr zwölf Uhr ist. Dieses Lernen ist damit tatsächlich ein „Null-Lernen", da keine Berichtigung durch Irrtum stattfindet.

Die nächste Kategorie, *Lernen I*, wird logisch definiert als „Veränderung in Lernen 0" (S. 371) und ist – wie auch die höheren Typen – in gewissem Maße als *stochastisch* anzusehen: Wenn ein Lernerfolg von Versuch und Irrtum abhängt, bedeutet dies zugleich auch die Voraussetzung von zufälligen Ereignissen. Dabei sind sowohl Lernen I wie auch Lernen 0 jeweils am Verhalten messbar. Bei Lernen 0 erfolgt ein stereotypes Verhalten, eine feste Reaktion auf einen gegebenen Reiz. Lernen I dagegen setzt einen wiederholbaren *Kontext* voraus, über den der Organismus „lernen" kann, also sein Verhalten über Versuch und Irrtum optimiert. Er verändert sein Verhalten oder erwirbt neues Wissen.

Der Begriff des *Kontextes* steht seinerseits ebenfalls in logischer Typisierung. Beginnend mit einem elementaren Signal eines Reizes, folgt als nächste Stufe die *Klassifizierung* dieses Reizes. Diese Klassifizierung erfolgt über den Kontext als *Metamitteilung:* Jedes Signal bedarf einer Klassifizierung durch andere Signale (z. B. eine Aussage durch Ironie oder Ernst). Dieser Kontext lässt sich nun seinerseits wiederum in einen klassifizierenden Kontext setzen. Dazu führt Bateson den Begriff der *Kontextmarkierung* ein, um damit zu verdeutlichen, dass ein Organismus in der Lage ist, auf den gleichen Reiz in verschiedenen Kontexten verschieden zu reagieren (S. 374). So wird gewöhnlich ein Mord in einem Spielfilm nicht zu einem Anruf bei der Polizei führen.

Die nächste Stufe, *Lernen II*, entspricht dem Begriff des *Deutero-Lernens* der ersten Fassung der Lerntheorie. Der dort angeführte Begriff des *Proto-Lernens* entspricht hier dem Lernen I (für Lernen 0 gibt es dort keine direkte Entsprechung). Definiert wird Lernen II schlichtweg als *Veränderung* im Prozess von Lernen I: Lernen II steht für Veränderungen in der Verwendung von Kontextmarkierungen, bedeutet veränderte Interpunktion (d. i. Interpretation) des „Handlungs- und Erfahrungsstroms" (S. 379). Während Lernen I also beispielsweise dem klassischen pawlowschen Experiment entspricht, d. h. dem Erwerb eines bestimmten Verhaltens auf einen gegebenen Reiz, bedeutet Lernen II ein „Lernen zu lernen", also eine Erhöhung der Lernleistung. Des Weiteren bedeutet dies auch, dass der Organismus in einem späteren ähnlichen Kontext wahrscheinlich entsprechend dem hier erworbenen Reaktionsmuster handeln wird. Lernen II entspricht der Bildung von Gewohnheiten.

Ein Beispiel für erfolgtes Lernen II zeigt sich in dem Erscheinen von Experimentalneurosen. Bateson führt dazu eine Untersuchung von H. S. Liddell an. Dieser zeigte, dass, wenn man ein Tier zunächst auf die Unterscheidung von Kreis und Ellipse trainiert, dann aber diese Symbole schrittweise sich immer ähnlicher werden lässt, das Versuchstier schließlich ernsthafte psychische Störungen zeigen wird (S. 383). Dagegen hätte ein untrainiertes Tier in derselben Situation einfach geraten.

Die Resultate von erfolgtem Lernen II bestehen in dem Erwerb von Eigenschaften wie „abhängig, feindlich, weltfremd, affektiert". Bateson stellt aber klar, dass diese Adjektive den Anschein individueller Eigenschaften nur fälschlicherweise erwecken, da derartige Zuweisungen nicht auf ein Individuum anwendbar sind, sondern eher „*Transaktionen* zwischen dem Individuum und seiner materiellen und menschlichen Umgebung beschreiben. Niemand ist in einem Vakuum ‚findig', ‚abhängig' oder ‚fatalistisch'" (S. 385). Die Beschreibung von Charaktereigenschaften wird somit verlagert auf die Beschreibung von Verhaltensweisen in einem je spezifischen Kontext. Bateson nimmt dazu entsprechend üblicher Lehrmeinung an, dass ein Großteil von Lernen II aus früher Kindheit datiert und unbewusst ist. Dieser Prozess bestimmt einen nicht geringen Teil des menschlichen Beziehungsverhaltens. Dabei ist er charakteristischerweise selbst bestätigend und somit fast unauslöschlich: Entspricht er doch nicht bloß dem Wahrnehmen beispielsweise eines Tintenkleckses, sondern der „*Weise*, den Tintenklecks zu sehen" (S. 388).

Lernen III schließlich, Veränderung in Lernen II, ist ein „schwieriger und seltener" Vorgang bei Menschen. Er scheint bisweilen in der Psychotherapie, bei religiösen Bekehrungen und anderen tief greifenden Charakterumstrukturierungen aufzutreten. Bateson verweist hier auf Warnungen, die sowohl Zen-Buddhisten als auch Mystiker sowie einige Psychiater ausgesprochen haben: Das in Lernen III gefasste Feld liege gänzlich außerhalb des sprachlichen Bereichs. Bateson will aber trotzdem zumindest über die logische Bedeutung dieser Stufe spekulieren.

Inhaltlich bedeutet Lernen III die *Fähigkeit zur Ersetzung* von Prämissen auf der Ebene von Lernen II, also eine Fähigkeit zur Veränderung von Gewohnheiten oder Charakterzügen. Dabei stellt Bateson fest, dass Änderungen der auf Ebene II erworbenen Prämissen sich auch ohne Auftreten von Lernen III vollziehen können. Lernen III ist also mehr als eine bloße „Reprogrammierung". Dem Erfolg von Lernen III würde eine Neudefinition des Selbst entsprechen: Da Individualität bei Bateson nicht mehr als das Resultat von Lernprozessen zweiter Stufe darstellt, wird diese dritte Stufe das Selbst in eine Art Irrelevanz auflösen. Ein verlockendes Ziel?

Bateson geht davon aus, dass Individuen auch durch erfahrene Widersprüche auf Ebene II zur Ebene III getrieben werden. Der Versuch aber, willentlich auf diese Ebene zu gelangen, „kann gefährlich sein, und einige werden dabei scheitern. Diese werden von der Psychiatrie oft als psychotisch etikettiert" (S. 395). Zugleich aber auch heißt es (für einige) verheißungsvoll:

> „Für andere, Erfolgreichere, kann die Auflösung der Gegensätze ein Zusammenbruch von vielem sein, was auf Ebene II gelernt wurde, und zur Offenbarung einer Einfachheit führen, in der Hunger direkt zum Essen führt und das identifizierte Selbst nicht mehr für die Organisation des Verhaltens verantwortlich ist. Sie sind die unbestechlichen Unschuldigen dieser Welt.
>
> Für andere, Kreativere, offenbart die Auflösung der Gegensätze eine Welt, in der die persönliche Identität in all den Beziehungsprozessen einer umfassenden Ökologie oder Ästhetik der kosmischen Interaktion aufgeht. Daß irgendwer von ihnen überleben kann, erscheint fast wie ein Wunder, aber einige werden vielleicht durch ihre Fähigkeit, sich auf die Kleinigkeiten des Lebens zu konzentrieren, davor bewahrt, vom ozeanischen Gefühl weggeschwemmt zu werden" (1972e*, S. 395).

Inwieweit sich *ozeanisches Gefühl* sowie eine *Ökologie kosmischer Interaktion* noch in seinem Werk finden wird, wird zu zeigen sein. Dass die geäußerte Warnung vor der Gefährlichkeit des Versuchs, Ebene III zu erreichen, durch derartige Aussagen entwertet wird, dürfte allerdings klar sein. Solche Aussagen haben leider dazu beigetragen, dass Bateson vom manchen in den Siebzigern als eine Art „New-Age-Guru" angesehen wurde.

Logisch möglich wäre natürlich auch ein *Lernen IV*. Bateson sagt hierzu, dass dieses vermutlich bei keinem ausgewachsenen Organismus auf der Erde vorkommt. Die Ebene IV sieht er als Verbindung zwischen Ontogenese und Phylogenese an. Letztlich begrenzt wird diese Hierarchie von Lernebenen durch die Grenzen, welche die Gene jedem Organismus setzen. Bei Würmern ist bereits Lernen I die obere Grenze, bei Säugetieren im Allgemeinen Lernen II, bei Menschen im Ausnahmefall Lernen III.

3.3 Rezeption und Kritik der Theorie

Bateson weist selbst auf gewisse Grenzen dieses Modells hin. So geht er von einer unverzweigten Stufenleiter aus, womit sich die Welt unseres Handelns aber nicht vollständig abbilden lässt. Was er als fehlend ansieht, das sind die möglichen Relationen zwischen den jeweiligen Lerntypen (1972e*, S. 397). Damit dokumentiert er zugleich die Grenzen der Typentheorie, die der Lerntheorie als logische Stütze dient. Weitere mit diesem Modell nicht beantwortete Fragen sieht er in dem Status von Aussagen und Ideen sowie deren Zuordnung zu der Hierarchie der Lerntypen.

Die direkte Rezeption dieser Theorie scheint zunächst recht dürftig zu sein. Außer jenen, die sich sowieso bereits in ihrer Theorie Bateson verpflichtet fühlen, wie Paul Watzlawick, Paul F. Dell und Carlos E. Sluzki, finden sich kaum Hinweise auf sie. In lerntheoretischen Standardwerken wird sie im Allgemeinen nicht berücksichtigt bzw. nur wenig aufschlussreich rezipiert (Holzkamp 1993, S. 238). Immerhin aber hat sich ein amerikanischer Erziehungswissenschaftler, Paul Gron, mit der Diskussion dieser Theorie die Würde eines Doktortitels erworben (Gron 1983). Grons Hauptkritik an dieser Lerntheorie besteht in ihrem Gehalt an Determinismus und in ihrer mangelnden Nähe zu möglicher Anwendung. Letzteres Problem versucht er zwar zu lösen, der Versuch leidet aber an der amerikanisch pragmatischen Sichtweise, aufgrund deren er Lernen III für fassbarer hält, als es diese Ebene sein dürfte.

Umfangreichere Anwendung, Kritik und Erweiterung findet sich hingegen bei Yrjö Engeström, der die Theorie über Parallelen zu anderen Theorien bestätigt und die Ebene des Lernens II hierbei in einen *reproduktiven* und einen *produktiven* Untertyp aufgliedert (Engeström 1987, p. 148). Allerdings tendiert auch er dazu, Batesons Lernen III pragmatisch aufzulösen und damit dessen esoterischen Charakter zu verkennen.

Allerdings sollte man sich von dieser scheinbaren Dürftigkeit nicht täuschen lassen. So sind die Schriften Watzlawicks weiträumig rezipiert, womit Batesons Lerntheorie gewissermaßen „exportiert" worden ist. Dies reicht beispielsweise bis hin zu den populären Kommunikationsratgebern von Friedemann Schulz von Thun (z. B. 1981). Eine weitere Spur führt zu zwei ehemaligen Bateson-Studenten, Richard Bandler und John Grinder, den Begründern des Neurolinguistischen Programmierens (NLP).[9]

Insgesamt wäre bei Batesons Lerntheorie die Gleichsetzung von Lernerfahrungen mit Charakterbildung besonders hervorzuheben; des Weiteren die logische Untergliederung, die dem Modell zu hoher Konsistenz verhilft. Einen strikten empirischen Nachweis der Tauglichkeit seiner Theorie bleibt Bateson schuldig. Aufgrund der Schlüssigkeit des Modells dürfte sich dies aber auch erübrigen: Die Lerntypen sind eindeutig definiert, Lernen III ist empirisch zwar kaum nachprüfbar, jedoch logisch konsistent, und wem dies nicht genügt, der sollte einmal die detaillierten Beobachtungen zur Entwicklung kindlicher Intelligenz bei Jean Piaget mit einem kritischen „Bateson-Blick" studieren. Und innerhalb von Batesons Werk liefert die Lerntheorie eine wichtige Grundlage nicht nur für seine Kommunikationstheorie und die Double-bind-Theorie, sondern auch für die kybernetische Erkenntnistheorie ab den späten Sechzigerjahren.

Offen bleibt allerdings die Frage, ob es Übergangsstufen zwischen den Lernebenen geben könnte und wie diese dann beschaffen wären. Auch verzichtet Bateson leider auf eine weitere Reflexion über die Verknüpfungen zwischen den einzelnen Stufen. So führt abgeschlossenes Lernen I bei Wiederholung derselben Situation zu Lernen 0. So mag ich beispielsweise gelernt haben, Schokoladenpudding zu kochen (Lernen I). Künftiges Kochen ist Routine (Lernen 0) und bestätigt somit auf abstrakterem Niveau meine Kenntnis der Beständigkeit der Welt (Lernen II). Ich wäre sehr irritiert, wenn die Milch schon bei lauwarmer Temperatur überkochen würde. Mit anderen Worten: Die verschiedenen Lernebenen Batesons sind miteinander verzahnt. So bewirkt Lernen II eine stabile Erwartungshaltung gegenüber der Welt, die bis hin zu den wundersamen Wirkungen von auf den 13. eines Monats fallenden Freitagen reicht. Passiert an einem solchen Tag dann tatsächlich etwas, bestätigt dies nur die Vor-

9 Ich habe mich zu Watzlawick sowie dem NLP bereits an anderer Stelle näher geäußert (vgl. Lutterer 2000, S. 276 ff.).

annahme (erfolgendes Lernen 0), passiert nichts, wird man wohl eine Ausrede bemühen müssen und das System gegebenenfalls leicht modifizieren (Lernen I), ohne von der Grundüberzeugung abzuweichen. Nur im Extremfall wird man es vielleicht aufgeben zugunsten eines anderen Deutungssystems für unerfreuliche Erfahrungen und die Prämissen auf Ebene II ersetzen, ohne dabei auch notwendig zu einem größeren Weisheitszuwachs zu gelangen.

4 Theorie der Kommunikation

Im Jahre 1946 fand in New York die erste jener berühmten Josiah-Macy-Konferenzen statt, in deren Zusammenhang die Kybernetik entstand. Bateson war Teilnehmer aller zehn dieser Konferenzen und profitierte in hohem Maße von dem neuen Denken. 1949 wurde er von dem Schweizer Psychiater Jürgen Ruesch eingeladen, an dessen Studie menschlicher Kommunikation in der Psychotherapie mitzuarbeiten. Resultat dieser Arbeit war das 1951 gemeinsam veröffentlichte Buch *Kommunikation: Die soziale Matrix der Psychiatrie*, ein Buch, das laut Paul Watzlawick keine zehn Jahre früher hätte geschrieben werden können. In seinem Vorwort zur 3. Auflage von 1987 bezeichnete Watzlawick es als „Matrix für spätere Entwicklungen von großer Wichtigkeit … nicht nur für die Psychiatrie, sondern für unser Verständnis von Verhalten im weitesten Sinne" (in Ruesch u. Bateson 1951, S. 9). Leider hat es über vier Jahrzehnte bedurft, bis dieses Buch endlich in deutscher Übersetzung vorliegt. Fritz B. Simon erklärt hierzu in seinem Nachwort zur deutschen Ausgabe, dass das Buch heute „wahrscheinlich aktueller und wichtiger ist, als es bei seinem ersten Erscheinen 1951 war" (ebd., S. 315). In diesem Buch werden wesentliche Grundlagen sowohl der *Double-bind-Theorie* als auch der später von Bateson formulierten kybernetisch orientierten Erkenntnistheorie entwickelt.

„Der psychologische Mensch war tot, und der soziale Mensch hatte seinen Platz eingenommen" (S. 11). Mit dieser Feststellung im gemeinsamen Vorwort zur zweiten Auflage von *Kommunikation* im Jahre 1968 machen die Autoren das Anliegen des Buches in seinem Bezug zur modernen Welt unmissverständlich klar. Das Zeitalter des Individuums sei vorbei, so wird konstatiert: Die Drohung atomarer Vernichtung, Bevölkerungsexplosion, drohende Hungersnöte, Verschmutzung von Wasser und Luft sowie der Verfall der urbanen

Zentren haben alle die alten Weisen des Umgangs mit menschlichen Problemen unmöglich gemacht. Kommunikation sei die Grundlage modernen Lebens. Dabei wird nicht nur auf die zwischenmenschliche Kommunikation verwiesen, sondern auch auf die Kommunikation zwischen Mensch und Maschine sowie auf diejenige nur unter Maschinen. Aufgrund der Bedeutung von Kommunikation in unserer Welt ist eine theoretische Erfassung kommunikativer Prozesse somit von einem vordringlichen Interesse.

Von den elf Kapiteln dieses Buches sind jedoch nur zwei unter gemeinsamer Autorschaft entstanden. Für den Rest zeichnet nur je einer der beiden verantwortlich. Berücksichtigt werden hier nur die insgesamt sechs Kapitel, zu denen Bateson beigetragen hat. Er folgt darin einem bereits in *Naven* praktizierten Verfahren der Betrachtung des Untersuchungsgegenstandes aus verschiedenen Blickwinkeln. Gemeinsam mit Ruesch vollführt er eine „anthropologische Annäherung" an das Phänomen *Kommunikation* sowie in alleiniger Verfasserschaft eine „philosophische" und eine „epistemologische". Darin werden jeweils Klärungsversuche im Hinblick auf verschiedene Aspekte von Kommunikation unternommen.

Batesons „epistemologische Annäherung" ist hier nicht weiter berücksichtigt. Er kritisiert in ihr einige Leitideen in der Psychiatrie, indem er u. a. freudianische gegen jungianische Analytiker Stellung beziehen lässt, über diese Nebeneinanderstellung beide relativiert und in ihrem Anspruch entwertet. Er demonstriert damit die Macht des Vergleichs als Methode der Auseinandersetzung mit Geltungsansprüchen konkurrierender wissenschaftlicher Theorien.

4.1 Das amerikanische System gegen europäische Systeme

Das sechste Kapitel von *Kommunikation* leitet einen Autorenwechsel innerhalb des Buches ein. Nach den ersten fünf, von Ruesch verfassten Kapiteln wird hier der schrittweise Übergang auf Batesons Analysen vollzogen. Zum Inhalt hat das sechste Kapitel einen Vergleich der amerikanischen mit der europäischen Mentalität. Sonderbarerweise zeigt sich hier jedoch, dass sich zwei europäischstämmige Autoren (England und Schweiz) eines amerikanischen Blicks auf Europa bemächtigen und in dieser Weise zu einem etwas verzerrten Europa-Bild gelangen.

Zum Inhalt: Dargestellt wird das amerikanische gesellschaftliche System als *selbstregulierend*. Es konstituiere sich über kleinere unabhängige Einheiten, die kooperierten und dabei auf Hierarchie weitgehend verzichteten. Dies führen die Autoren auf den Geist der amerikanischen Gründerzeit zurück, als die Siedler notwendig kooperieren mussten, um zu überleben. Damit seien Kooperation und Flexibilität notwendige Haltungen geworden, die dem Leben mit der Großindustrie ebenso entgegenkamen wie dem Siedlerdasein. Daraus speiste sich dann auch die handlungsorientierte Haltung der Amerikaner, das Vertrauen auf die Lösbarkeit von Problemen und an das Vorhandensein von jeweiligen Problemlösungsalternativen.

Leider vergeben sich Ruesch und Bateson danach aber eine mögliche analytische Brisanz durch eine recht einseitige Analyse: Holzschnittartig werden Europäer im Vergleich zu Amerikanern in gar keiner Weise als kooperativ angesehen. Stattdessen werden sie als fatalistisch charakterisiert (1951a, S. 182). Sie glauben weniger als die Amerikaner an den Erfolg von Handlung, neigen zu einer „Akzeptanz des Unausweichlichen" und sind in hohem Maße beschäftigt mit den Persönlichkeitsaspekten des Es und des Über-Ich. Aus dieser Sicht muss es wundernehmen, dass beispielsweise Deutschland nach dem Krieg überhaupt wieder aufgebaut wurde oder gar zuvor sechs Jahre lang Krieg gegen die halbe Welt führte; von kollektiven Unternehmungen, wie dem Bau von Dämmen oder früher der Trockenlegung von Sümpfen, ganz zu schweigen. *Kommunikation* datiert aus dem Jahre 1951, und da erscheint diese allzu grob vereinfachende Sicht etwas obskur, selbst bei Berücksichtigung der amerikanischen Begeisterung für freudianische Konzepte. Insgesamt mag diese anthropologische Analyse vielleicht einem damaligen Zeitgeist entsprochen haben, erscheint aber eher überzeichnet denn als wissenschaftlichen Gewinn bringend. Aufgrund eines Vergleichs mit Aussagen, die Bateson einige Seiten darauf in alleiniger Urheberschaft zu europäischem gegen amerikanisches Denken macht, ist man allerdings geneigt, diese Aussagen eher Ruesch als Bateson zuzuschreiben (vgl. S. 261 f.).

Etwas spannender ist dieses Kapitel in seiner abstrakteren Analytik: Das englische Regierungssystem wird gegenüber dem amerikanischen Regierungssystem als ein System oppositioneller Kontrolle gegenüber einem System von Kontrolle und Gleichgewicht *(checks and balances)* klassifiziert. Hierbei sei das amerikanische das stabilere, da es über interne Regelungsmechanismen verfüge, wohingegen das englische – das beispielhaft für europäische Regierungssysteme angeführt wird – auf der Opposition von in sich homogenen Gruppierungen beruhe. In ihm würden abweichende Meinungen oder Positionen eher zum Ausschluss gedrängt. Veränderung zeige sich nur als Resultat entweder von äußerem Druck oder von innerer Spaltung, weshalb der Ausgleich durch konkurrierende äußere Systeme notwendig werde. Das System oppositioneller Kontrolle könne nicht in Isolation bestehen. Unklar bleibt aber die Kausalität: Waren die europäischen Systeme Folge kriegerischer Nachbarn oder Ursache für Konflikte?

Jedenfalls sei aber mit den Autoren die Unterschiedlichkeit europäischer Systeme und des amerikanischen Regierungssystems konstatiert. Bateson und Ruesch übertragen die Beobachtungen an diesen sozialen Systemen auf die in ihnen gebildeten menschlichen Charaktere. In dieser Perspektive erweist sich schließlich die typische amerikanische Persönlichkeit als von heterogenen Charakterstrukturen geprägt und somit vorbereitet zum „Wechsel von Meinungen, Berufen, Ehemännern oder -frauen, Wohnorten und ähnlichem" (S. 182). Dagegen erstrebten Europäer die Integration und Synthese heterogener Elemente. Differenzen ließen sie nur *zwischen* Menschen, aber nicht *innerhalb* einer Person zu.

Aus dieser Analyse heraus werden Ratschläge für die Behandlung europäischer wie amerikanischer Therapiepatienten gegeben. In Amerika bestehe das typische Symptom im Gefühl mangelnder Gruppenmitgliedschaft. Das therapeutische Ziel sei somit die verbesserte Eingliederung der Patienten in die Gesellschaft bzw. Gemeinschaft. In Europa dagegen müsse die Angst der Patienten davor genommen werden, nicht einzigartig zu sein. Therapie führe hier über den Weg der Verringerung der Angst vor Ähnlichkeit mit anderen und der Herausarbeitung eigener Charakterstärken. Dies sind Erkenntnisse, deren Berücksichtigung beim allgegenwärtigen Import amerikanischer Therapien vielleicht nicht ohne Bedeutung ist.

4.2 Philosophische Annäherung

In seinem Kapitel *Philosophische Annäherung* nimmt Bateson eine Abgrenzung zu Ruesch vor. Bisher, beginnt er, handele das Buch von

Menschen, insbesondere von Amerikanern und Psychiatern. Dabei würden, so fährt er fort, zwei Gebiete aufgezeigt, um welche die psychiatrische Theorie zu erweitern wäre, nämlich das Verstehen der kulturellen Grundlagen *(cultural matrix)*, auf welchen der Psychiater handele, sowie das Verstehen des Wesens der Interaktion zwischen Personen. Bateson sieht seine Aufgabe in der Einbettung der Phänomene menschlicher Kultur und menschlicher Interaktion in einer breiteren und somit abstrakteren Theorie der Kommunikation.

Er geht hierbei von Phänomenen der Kommunikation auf sehr niedrigen Organisationsstufen aus, indem er mit Maschinen und Tieren beginnt. In diesem Zusammenhang analysiert er die *Kodierung* von Information, also die Umsetzung von Phänomenen der äußeren Welt in solche innerhalb des Individuums. Mit der Frage nach der Zuweisung von Werten und Vornahme von Bewertungen *(evaluation)* demonstriert er zudem die Vermischung von visueller Wahrnehmung mit persönlichen Auswahlkriterien und führt zur Unterscheidung die Begriffe des *Systems der Kodierung* und des *Systems der Werte* ein.

Kodierung von Information

Sowohl in organistischen wie in mentalistischen Theorien besteht laut Bateson Übereinstimmung darüber, dass sich die Vorgänge *innerhalb* eines Individuums von den Ereignissen der Außenwelt unterscheiden. Für den Moment des Übergangs verwendet Bateson einen Begriff aus der Nachrichtentechnik, *Kodierung*. Für diesen Begriff, also für die Umsetzung eines Wahrnehmungsaktes in das geistige Bild beispielsweise eines Baumes, gibt er zwei Minimalkriterien an: (a) Zum einen müsse die Kodierung *systematischer* Art sein. Wäre sie bloß zufällig, so wäre das Resultat nur die Wahrnehmung von Rauschen oder von Lärm; (b) zum anderen müssten im Prozess der Kodierung die *Relationen* zwischen den Objekten bewahrt bleiben, wobei sich allerdings die Art der Beziehung ändern könne. So könnten außenweltliche räumliche Prozesse intern temporal repräsentiert werden.

Die drei wichtigsten Arten der Kodierung sind *digitale, analoge* und *Gestaltkodierung* (Letztere abgeleitet aus der Gestaltpsychologie). Für das menschliche Nervensystem geht Bateson davon aus, dass analoge Mechanismen eher auszuschließen sind; deren digitale Kodierung von Information in Form von Nervenimpulsen nimmt er als durchgängig gegeben an. Gestaltprozesse finden im Gehirn statt.[10]

Bei Bateson unterscheidet sich Gestaltkodierung von der digitalen dadurch, dass, während eine Maschine ein Bild etwa auf das Vorhandensein von Informationen abtastet, der Mensch sogleich den Baum auf dem Bild erkennt. Den signifikanten Unterschied sieht Bateson bei diesem Vergleich weniger zwischen Nervenbahnen und Leitungsbahnen als vielmehr in der unterschiedlichen Verarbeitungsweise, wobei sich allein das Gehirn als fähig zur Erkennung von Mustern zeigt. Man würde aus heutiger Sicht wohl mehr oder minder erfolgreich versuchen, Gestaltprozesse als komplexe digitale Mechanismen darzustellen (und dabei in klassisch reduktionistischer Manier Komplexität vernichten).

Aus dieser Fähigkeit zur Gestaltwahrnehmung folgert Bateson, dass das Denken über Dinge gegenüber dem Denken in Form von Beziehungen bzw. Relationen *sekundär* ist. Dies illustriert er daran, dass wir notwendig die Relation zwischen einem wahrgenommenen Objekt und uns verändern müssen, um die Wahrnehmung dieses Objektes verbessern zu können; indem wir etwa mit den Fingern über eine Oberfläche fahren oder unseren Blickwinkel ändern. Insgesamt werden also sehr leicht Unterschiede und Wechsel wahrgenommen, weniger leicht hingegen unbewegte Gegenstände. In der Diskussion neuronaler Prozesse wird zudem ausgeführt, dass die Fähigkeit des Gehirns, das *Ausbleiben* von Informationen zu nutzen, eine wichtige Bedingung darstellt für die Wahrnehmung von Gegenständen vor ihrem Hintergrund.

Informationen haben stets multiplikativen Charakter. Jede elementare Informationseinheit enthält zumindest den Doppelaspekt einer *positiven* Aussage und der *Verneinung* des Gegenteils dieser Aussage und somit eine positive Einschränkung einerseits und einen eher unspezifischen Ausschluss möglicher Sachverhalte andererseits. Die Multiplikativität von Information folgt daraus, dass jede elementare Informationseinheit *(bit)* durch ihre Ja-Nein bzw. 1-0-Struktur eine Halbierung der Menge zu beschreibender Objekte vor-

10 Hierzu sei angemerkt, dass diese Gestaltprozesse prinzipiell dem entsprechen, was heute in der Computersimulation als *neuronale Netze* bezeichnet wird. Die Annahme neuronaler Netze ist der derzeit vielversprechendste Weg, Computer lernen zu lassen. Damit zeigen sich digitale Kodierung und Gestaltkodierung als Hauptwege moderner Wissenschaft.

nehmen kann. 3 *bit* Information trennen also 2 · 2 · 2 = 8 Ereignisbereiche auf. Bei dem (bei Batesons offensichtlich beliebten) Spiel „20 Fragen", das an dieser Stelle als Beispiel angeführt wird, sind dann 2^{20}, also etwa eine Million, Objekte unterscheidbar.[11] Mittels dieses Beispiels wendet Bateson sich dem nächsten Problem zu: Was tun, wenn die beiden Spielenden nicht dieselben Kodierungssysteme haben? Spielen sie streng nach den Regeln, so können sie etwaige Missverständnisse nur schwer aufdecken.

Kodierungssystem und Wertesystem werden von ihm als Aspekte desselben Phänomens angesehen. Als Beleg für die Verbindung dieser Bereiche führt er u. a. die Experimente von Adalbert Ames Jr. an, der die Abhängigkeit der Wahrnehmung von Wertsetzungen nachwies sowie auch umgekehrt aufzeigte, in welcher Weise Wahrnehmung Wertsetzungen bestimmt (ausführlicher von Bateson referiert in 1979a, S. 43 ff.). Auch Freud wies eine Überschneidung von Wunsch und Wahrnehmung nach. Einen weiteren Beleg sieht Bateson, sich auf Norbert Wiener stützend, in der physikalischen Erkenntnis, dass die Konzepte der Information und der *negativen Entropie*[12] als synonym beschreibbar sind. Durch diese begriffliche Gleichsetzung ist für Bateson auch eine Lösung des Problems der Teleologie und der Körper-Geist-Dichotomie gegeben (1951a, S. 200).

Aspekte einer Mitteilung

Sind nun aber Wertesystem und Kodierungssystem Aspekte desselben Phänomens, so sollten sie ineinander übersetzbar sein. Um diese Frage zu klären, zeigt Bateson, dass jede Art von Botschaft über *zwei*

11 „Was für Spiele wurden gespielt? ‚Zwanzig Fragen' assoziierte ich mit meinem Vater", so Tochter Mary Catherine Bateson in ihren Erinnerungen an ihre Eltern Margaret Mead und Gregory Bateson (M. C. Bateson 1986, S. 51). Der Fragende muss über 20 Fragen ein Objekt identifizieren, wobei der Antwortende jeweils nur mit Ja oder Nein antworten darf.

12 Das Konzept der negativen Entropie bezieht sich auf den zweiten Hauptsatz der Thermodynamik. Nachdem im ersten Hauptsatz der Thermodynamik die Unzerstörbarkeit von Energie postuliert wurde, beinhaltet der zweite Hauptsatz, dass sich jedes System aufgrund des Vorhandenseins zufälliger Ereignisse auf einen Zustand niedrigster energetischer Differenz hinbewegen wird. Die Suppe wird den Teller erwärmen und dabei erkalten, ein Gas sich gleichförmig in einem Behälter verteilen und ein Haus sich über kurz oder lang in den energetisch günstigeren Zustand eines Schutthaufens verwandeln.

Arten von Bedeutung verfügt, einen *Nachrichtenaspekt* (Nachricht über ein vorangegangenes Ereignis) und einen *Kommandoaspekt* (die Botschaft als Ursache oder Stimulanz für ein nachfolgendes Ereignis) (1951a, S. 202). Diesen Doppelaspekt jeglicher Kommunikation macht man sich nur selten klar. Bateson stellt diesem Doppelaspekt die Doppelung von Kodierungs- und Wertesystem gegenüber, um damit zu veranschaulichen, dass in beiden Fällen eine exakte Übersetzung unmöglich ist. Diese wäre nur dann möglich, wenn man den psychischen Mechanismus einer Person vollständig kennen könnte.

Die Aspekte der Kodierung und der Wertzuweisung sind für Bateson zudem in wissenschaftlicher Hinsicht nicht trennbar, da alle Informationen über das Verhalten eines Menschen das Resultat von zwei Kodierungsschritten (Wahrnehmung – Handlung) sowie zugehöriger Bewertung darstellen. Diese Prozesse sinnvoll in ihre Elemente zu zerlegen sieht Bateson als unmöglich an, die Frage sei daher nicht beantwortbar. Damit fordert er gegen die allgemeine abendländische Denkhaltung sowie die Geistesgeschichte, diese Prozesse nicht als getrennt anzusehen und sie stattdessen unter den einheitlichen Oberbegriff „Kodierung-Bewertung" *(codification-evaluation)* zu fassen. Einen neuen Begriff für dieses Phänomen prägt er also nicht. Das menschliche Bewusstsein wird in diesem Zusammenhang übrigens als ein besonderer Fall von Kodierung – als eine „sonderbare subjektive Erfahrung" – bezeichnet. In der daran anschließenden Frage nach der Freiheit des Willens deklariert er diese Freiheit als „vielleicht illusorisch" (ebd., S. 205).

Ein Modell der Wahrnehmung

Bateson entwirft ein Modell, in dem er, ausgehend von einfachen Kreisläufen, in logischer Ordnung und Hierarchisierung Typen der Wahrnehmung konstruiert. Dieses Modell bildet ein Gerüst für die Vielfalt möglicher Typen des *Irrtums* bei der Kodierung und der Interpretation der Welt.

Als Ausgangspunkt dient ein selbstkorrigierender Kausalkreislauf, der in Beziehung zu seiner Umgebung steht – also ebenso auf diese wirkt, wie er auch von ihr beeinflusst wird (diesem Modell entspricht beispielsweise ein selbststeuernder Mechanismus auf der Suche nach einem Ziel). Dieses Modell wird nun stückweise erweitert: zuerst dadurch, dass in der Umgebung die *Unterscheidung* von Einheiten ansetzt, dann durch die Differenzierung des inneren Kreislaufes in diverse Unterkreisläufe (was bereits dem Begriff des Organismus entspricht) und schließlich durch eine (nach Bateson stets willkürlich vorgenommene) Setzung einer Spaltung des Gesamtkreislaufes in ein Selbst und dessen Umwelt.

In der weiteren Differenzierung des Modells ergibt sich die Fähigkeit zum Erkennen von Kontrolle, und zwar dahin gehend, dass der Organismus sich sowohl als die Umgebung kontrollierend ansieht wie auch von dieser beeinflusst. Die nächste Stufe beinhaltet die Einsicht in das Vorhandensein separater Kausalkreise innerhalb des Selbst und damit die Bildung mehrerer Abstraktionsebenen. Abschließend wird noch die Wahrnehmung von Gestalten im Verlauf unterschiedlicher Zeitspannen und die Fähigkeit zur Übertragung entwickelter Konzepte hinzugefügt (vgl. ebd., S. 209 ff.).

Widersprüche können nun auf jeder dieser Ebenen auftauchen und sich auch über mehrere Ebenen erstrecken. Als Beispiel dafür wird die Ökonomie der Wahrnehmung aufgeführt, aufgrund deren Überschneidungen bestehen, die eine nur unsichere Zuordnung wahrgenommener Gestalten zulassen. Hierbei zeigt Bateson, dass bei jeder Zusammenfassung von Daten Widersprüche möglich sind, weil ihr stets auch ein Akt der Willkür innewohnt. Er verweist dabei auf das russellsche Paradox: Die Klasse der Elefanten ist kein weiterer Elefant, und wenn dieser Unterschied nicht wahrgenommen wird, dann werden notwendig Widersprüchlichkeiten folgen.

Stufen der Kommunikation

Beginnend mit dem einfachen System eines *unbeobachteten Beobachters*, zeigt Bateson, dass dieser nur dann Wissen über Zufälligkeit oder Absicht im Verhalten eines beobachteten Objekts gewinnen kann, wenn er es Fehler korrigieren sieht. Der Beobachter wird somit versuchen, den beobachteten Organismus in Irrtum zu setzen, um Aufschluss zu gewinnen über dessen Fähigkeiten.

Ein theoretisch ähnlich einfaches, aber entgegengesetztes System besteht in jemandem, der *sich selbst* beobachtet. Schwierig ist allerdings, dies zu beschreiben, ohne ein Selbst innerhalb des Selbst anzunehmen und damit nur eine Verlagerung zu produzieren. Ziel der Selbstbeobachtung ist die Erkenntnis vorhandener Irrtümer im Verhalten. Dies bedeutet, dass sich der Organismus bezüglich seiner Umgebung ins Unrecht gesetzt erkennt. Der Lernprozess, den er durchmachen muss, unterscheidet sich von dem des unbeobachteten Beobachters dadurch, dass sich hier der Beobachtete selbst einer Verhaltenskorrektur unterziehen muss.

Schließlich bei der Kommunikation *zwischen zwei Menschen* angekommen, verweist Bateson zunächst darauf, dass es für dem Säuglingsalter entwachsene Menschen unabhängig von Kultur und Sprache unmöglich geworden ist, sich vollkommen misszuverstehen. So ist etwa Aggression universell verständlich (spätestens beim ersten Hieb). Hierbei zeigt sich auch, dass die *Komplexität* wahrnehmbarer Information in Bezug auf Lebewesen ungleich höher ist als in Bezug auf unbelebte Objekte: Verhalten bzw. Kommunizieren beinhaltet auch eine Kodierung des inneren psychischen Zustandes.

Das Vorhandensein eines Zweipersonensystems konstituiert eine neue Art der Integration. Wenn beide Teilnehmer wissen, dass das Gegenüber sie wahrnimmt, dann wird die gegenseitige *Aufmerksamkeit* zu einer bedeutsamen Größe ihrer Interaktion. Über diese Aufmerksamkeit definiert Bateson eine neue Ebene von Kommunikation, für die er den Begriff *Metakommunikation* einführt und die er als „Kommunikation über Kommunikation" umschreibt (1951a, S. 233). Metakommunikation beinhaltet insgesamt drei Aspekte: Austausch über Kodierungen von Mitteilungen („Dies ist ironisch"), Austausch über die Beziehung der Kommunizierenden („Ich mag dich") und schließlich Charakterbildung im Sinne von Batesons Deutero-Lernen. Jeglicher kommunikative Austausch ist mit Notwendigkeit von Metakommunikation begleitet, wird durch diese sogar erst in seiner inneren Bedeutung (Ironie, Ernst etc.) verständlich.

Mit der Einführung des Begriffs der Metakommunikation beendet Bateson seine Diskussion über Kodierungs- und Wertesysteme, von den Kommando- und Nachrichtenaspekten einer Mitteilung sowie dem Vorhandensein verschiedener Wahrnehmungsstufen und Irrtumstypen. Nach der Erkenntnis des Bestehens verschiedener Hierarchien bei Lernprozessen und der These der Gewohnheitsbildung via Deutero-Lernen stellt die Differenzierung von Kommunikation in mehrere Aspekte einen bedeutsamen weiteren Ertrag seiner Analyse von Verhalten und Kommunikation dar.

4.3 Wechsel der Paradigmen

Bateson sieht seine Kommunikationstheorie im Zusammenhang mit einer allgemeineren, breiteren Veränderung wissenschaftlicher Leitbilder. Dies demonstriert er anhand von drei Tabellen, in denen er jeweils überholte wissenschaftliche Positionen und von ihm angenommene Veränderungen auflistet: Veränderungen des psychiatrischen Denkens, der wissenschaftlichen Methode und der formalen Philosophie sowie bezüglich des „humanistischen Protests"[13]. Kritisiert werden hierbei insbesondere die häufige Nichtbeachtung der Aspekte der *Zeit* und der *Veränderung*. Allerdings stellt Bateson sowohl für das psychiatrische als auch für das allgemein wissenschaftliche Denken eine Tendenz in Richtung auf eine derartige Prozessualität fest.

Für die Psychiatrie erkennt er eine Entwicklung, die wegführt von der Fixierung auf Individuen und Teile von ihnen und hin zur Beobachtung des Ganzen und der Interaktion. Damit scheint klassisches psychologisches Denken in einen soziologischen Rahmen eingebettet zu werden. Für Bateson ist klar, dass die Sicht auf den Einzelnen ohne Einbezug seiner Lebensumstände zu eng ist.

In der Wissenschaftstheorie sieht er einen entsprechenden Weg: weg von aristotelischen Substanzen und hin zu galileischen Variablen, weg von isolierten Größen und hin zu Konstellationen und schließlich auch hin zu offenen anstelle von geschlossenen Systemen.

Hinsichtlich des „humanistischen Protests" erkennt er schließlich Veränderungen, die wegführen vom Streben nach Kontrolle sowie von der Erklärung in kausalem Determinismus und stattdessen hinführen zu einer Wertschätzung von Spontaneität und der Bevorzugung eines philosophischen Indeterminismus.

Im gemeinsamen Schlusskapitel werden die von Bateson angesprochenen Stufen der Kommunikation fortgeführt. Bateson und Ruesch präsentieren hier ein Modell, welches vier Stufen von Kommunikation beinhaltet. Ausgegangen wird von einem Selbstbeobachter, dann folgen die interpersonelle Ebene (zwei Personen) und sodann die Gruppenebene, schließlich die kulturelle Ebene vieler

13 Darunter fasst Bateson bereits damals vorhandene Entwicklungen in den Verhaltenswissenschaften, die Widerspruch gegen die Reduktion des menschlichen Individuums auf rein materialistische oder auch biologistische Sichtweisen äußerten.

Gruppen. Für diese Ebenen werden unterschiedliche Kanäle, Botschaftstypen sowie Sender- und Empfängertypen aufgeführt. Damit wird das „äußerst dynamische Phänomen" der Kommunikation theoretisch zu fassen gesucht. Eine Folgerung dieser Ausdifferenzierung besteht darin, dass auf der kulturellen Ebene sowohl die Quellen als auch die Bestimmungen von Botschaften unbestimmbar werden und somit die Korrektur von Information unmöglich wird (dies kann man sich unschwer an der Unausrottbarkeit von Gerüchten oder dem Informationswirrwarr des Internets verdeutlichen). Zugleich wird jedoch mit einer wachsenden Verflechtung von Individuen und Institutionen das Verhalten von Gruppen vorhersagbarer als eines von unorganisierten Ansammlungen von Individuen.

Die Autoren beenden ihr Buch mit einer Warnung vor destruktiver Interaktion. So könne beispielsweise das Streben nach Selbstmaximierung von Individuen oder Gruppen zur Zerstörung des sie umgebenden sozialen Systems führen. Hierin klingt bereits ein Thema an, welches Bateson später zum Zentrum seiner Arbeit macht: das problematische – wenn nicht gar pathologische – Verhältnis, das viele menschliche Denk- und Handlungsmuster im Bezug auf die soziale wie auch die natürliche Umwelt charakterisiert.

Insgesamt ist *Kommunikation* ein Buch, das Kommunikation als ein *Verhalten* analysiert und damit auf philosophisch-metaphysische Postulate innerer Instanzen oder apriorischer Kategorien verzichtet. Das noch heute häufig verwendete und sehr schlichte Kommunikationsmodell eines „Senders" und eines „Empfängers" wird weitgehend zurückgedrängt zugunsten einer relationalen Schau kommunikativer Phänomene. *Kommunikation* ist weiterhin ein nahezu unbekannter Klassiker. In ihm verknüpft Bateson seine Lerntheorie mit einer Theorie der Kommunikation und schafft somit die direkte Voraussetzung für die nur fünf Jahre später veröffentlichte Double-bind-Theorie. *Kommunikation* ist somit nicht nur der theoretische Ausgangspunkt für die pragmatische Kommunikationstheorie Watzlawicks und die Strategien des NLP, dieses Buch liefert auch einen wichtigen Teil der theoretischen Grundlagen moderner systemischer Therapie bzw. Familientherapie. Sein Einfluss reicht hin bis auf die Systemtheorie Niklas Luhmanns, der gerade in seinem letzten großen Werk, *Gesellschaft der Gesellschaft*, wieder auf Batesons Ausführungen in *Kommunikation* zurückverweist (Luhmann 1997, S. 207).

Was wird insgesamt von Bateson hinsichtlich einer Kommunikationstheorie geleistet? Zunächst, dass sich die Prozesse des Lernens, der Gewohnheitsbildung und des Verstehens nur indirekt über Verhalten beschreiben lassen können (Kodierungsproblem). Ohne explizit auf den zu jener Zeit in den USA noch recht virulenten Behaviorismus Watsons und Skinners einzugehen, entwickelt er damit ein deutliches Gegenmodell zu den von diesen vorgeschlagenen Vereinfachungen der Erforschung menschlicher Entwicklung und menschlichen Verhaltens. Des Weiteren verweist er u. a. unter Bezug auf Sigmund Freud auf die Abhängigkeit des Wirklichkeitsbildes von Wertvorstellungen und formuliert damit eher beiläufig wesentliche Positionen konstruktivistischen Denkens; ebenso wie er Positionen der Kybernetik 2. Ordnung Heinz von Foersters bereits vorwegnimmt – worauf auch Fritz B. Simon in seinem Nachwort zur deutschen Ausgabe verweist (in Ruesch u. Bateson 1951, S. 315).

Kommunikation stellt den geglückten Versuch dar, mit zirkulären Strukturen zu operieren, ohne diese wiederum auf einfache Kausalketten zu reduzieren. Hier erweist Bateson sich dem kybernetischen Denken verpflichtet. Es gelingt, Typen der Kommunikation zu abstrahieren, die sinnvolle Dienste leisten sowohl bei der Klärung von Unterschieden innerhalb kommunikativer Prozesse als auch bei der Erforschung des Lernens sowie bei der Aufdeckung kommunikativer Widersprüche. Bateson macht später aus seiner Kommunikationstheorie insbesondere zwei Aspekte fruchtbar, zum einen die möglichen *Probleme*, die aus widersprüchlicher Kommunikation auf den skizzierten unterschiedlichen Ebenen resultieren können, und zum anderen die Bedeutsamkeit der *Metakommunikation* für die Beziehung zwischen den Kommunizierenden. Vergegenwärtigt man sich die hier erzielte Erkenntnis, dass metakommunikative Signale gewöhnlich *unbewusst* in Form von Sprachmodulation, Mimik und Gestik ausgetauscht werden, so kann man heute etwa im Internet mit ziemlichem Spaß beobachten, wie ebendiese Metakommunikation zu ersetzen versucht wird: *Explizite* grafische Hinweise auf den eigenen Gemütszustand in Form verketteter Zeichen wie :-) oder :-(ersetzen den metakommunikativen Ausdruck. Akzeptiert man diese Zeichen als authentische Botschaften des Gegenübers, scheinen sie durchaus eine Art Substitut der Metakommunikation liefern zu können.

5 Exkurs zur Kybernetik

Batesons Denken ist neben der Typentheorie Russells, der Informationstheorie Shannons und der Spieltheorie von Neumanns insbesondere durch die Kybernetik beeinflusst worden. Aus diesem Grund soll an dieser Stelle ein kurzer Exkurs zur Kybernetik deren wesentliche Positionen erläutern. Sie entstand im Verlauf der Vierzigerjahre als ein interdisziplinäres Projekt, in dessen Kern rund zwei Dutzend Wissenschaftler aus einem Dutzend Disziplinen standen. Mittlerweile hat sie sowohl praktisch sämtliche modernen Wissenschaften als auch das Alltagsdenken mit ihrem Denken durchdrungen – ein Zitat aus der Wochenpresse vermag dies sehr präzise zu verdeutlichen: „Vom Politiker zum Talk-Showmaster redet alle Welt kybernetisch, ohne es zu wissen – vom Feedback und von vernetzten Systemen, von Kreislaufprozessen und Selbstorganisation" (Randow 1994).

Vermutlich gibt es nicht viele wissenschaftliche Erkenntnisse, die in derart hohem Maße mit dem modernen Leben verbunden sind. So speisen sich sowohl Systemtheorie als auch die Computertechnik und die Versuche der Erschaffung Künstlicher Intelligenz mittels neuronaler Netze aus der Kybernetik. Vielleicht war die sich hierin spiegelnde allgemeine Gültigkeit des kybernetischen Wissens die Ursache dafür, dass sie sich letztlich nicht als eigenständige Wissenschaft etablierte. Auch in der ihr als „Metawissenschaft" vergleichbaren Philosophie offenbaren sich nur am Rande Einflüsse dieses Denkens, das altbekannte Kausalitätsmuster und Kategoriensysteme hinter sich gelassen hat (eine Ausnahme macht das Werk Gotthard Günthers, z. B. 1957).

Bateson war auch ein Teilnehmer jener Josiah-Macy-Konferenzen, aus denen die Kybernetik hervorging. Sein gesamtes Denken zeigt sich in hohem Maße von den kybernetischen Ideen durchdrungen. Für eine nähere Beschäftigung mit den Kybernetikern sei auf *The Cybernetics Group* von Steve Heims (1991) verwiesen, als Einführung in die Kybernetik selbst kann wohl immer noch W. Ross Ashbys *Einführung in die Kybernetik* (1956) empfohlen werden, allerdings sollte man diese Lektüre in jedem Fall durch eine Lektüre der Schriften von Heinz von Foerster ergänzen (etwa *Wissen und Gewissen*, 1993, oder *Wahrheit ist die Erfindung eines Lügners*, 1998).

5.1 Die Josiah-Macy-Konferenzen

Die junge Geschichte der Kybernetik begann in verschiedenen Forschungsbereichen während des Zweiten Weltkrieges. Auf der einen Seite standen dabei militärische Interessen (selbststeuernde Raketen), auf der anderen Seite Untersuchungen des Nervensystems. Von Beginn an gab es eine Zusammenarbeit von Ingenieuren, Mathematikern und Neurophysiologen, die sich gegen den damaligen „reduktionistischen, atomistischen, positivistischen, pragmatischen, konservativen, mechanistischen und empirizistischen" (Heims 1991, S. 8) Forschungsstil abhob.

Der heute vertraut erscheinende Gedanke der *Rückkoppelung* wurde von Norbert Wiener gemeinsam mit Arturo Rosenblueth und Julian H. Bigelow erstmals in einem Aufsatz aus dem Jahre 1943, *Behavior, Purpose, and Teleology* (Rosenblueth, Wiener u. Bigelow 1943), verwendet. Sie zeigen darin, dass verschiedene Vorgänge im Nervensystem nur als *zirkuläre* Prozesse erklärbar sind. Wiener und Bigelow waren sich hierbei auch vorhandener Parallelen zur Regelungs- und zur Nachrichtentechnik bewusst. Seinen Namen erhielt das Fach im Sommer 1947, als Wiener in einer Reminiszenz an Clerk Maxwell das griechische Wort für „Steuermann" *(κυβερνητης)* für das Studium der *Regelung und Nachrichtenübertragung im Lebewesen und in der Maschine* (so der Untertitel von Wieners *Kybernetik*, 1948) prägte.

Die erste der Josiah-Macy-Konferenzen über *Feedback Mechanisms and Circular Causal Systems in Biological and Social Systems* fand im Jahr 1946 in New York statt. In anfänglich halbjährlichem Rhythmus wurden bis 1953 insgesamt zehn Konferenzen durchgeführt. Unter den etwa 20 ständigen Teilnehmern dieser Konferenzen befanden sich neben Norbert Wiener unter anderem der Mathematiker

John von Neumann (der später wesentliche Impulse bei der Entwicklung der Wasserstoffbombe und der Computertechnik lieferte), der Neuropsychiater Warren McCulloch, der Soziologe Paul Lazarsfeld, der Psychologe Kurt Lewin und das Anthropologenpaar Margaret Mead und Gregory Bateson. Damit ergab sich eine bunte Mischung aus Sozial- und Naturwissenschaftlern, ganz entsprechend der Interdisziplinarität des Fachs.

Steve Heims, dessen *Cybernetics Group* eine umfangreiche Schilderung der Kybernetik-Konferenzen und ihres Umfeldes beinhaltet, benennt Norbert Wiener und John von Neumann als die herausragendsten Persönlichkeiten dieser Konferenzen, direkt nach diesen aber dann Warren McCulloch und Gregory Bateson als die „wichtigsten Personen der Geschichte der Kybernetik" (Heims 1991, S. 30). Bateson bezeichnet er in diesem Zusammenhang auch als denjenigen unter den Sozialwissenschaftlern, der den „fantasiereichsten Nutzen" aus ihr bezog.

Die Konferenzen waren zweitägig und beinhalteten Fachreferate der Mitglieder sowie eingeladener Gäste, worauf sich eine Diskussion der vorgestellten Gedanken anschloss. Die Protokolle der letzten fünf dieser Konferenzen sind veröffentlicht worden. Ihr Herausgeber ist Heinz von Foerster, der nach dem Krieg in die USA ausgewandert und dort auf Einladung von McCulloch Teilnehmer der Sitzungen geworden war. Foerster hat später der Kybernetik maßgebliche Impulse verliehen, indem er die *Kybernetik zweiter Ordnung* entwickelte, die sich von Wieners Kybernetik durch den Einbezug des *Beobachters* in das beobachtete System unterscheidet.

5.2 Was ist Rückkoppelung?

1948 veröffentlicht Wiener seine *Kybernetik*, wodurch kybernetisches Denken erstmals breiter Öffentlichkeit zugänglich gemacht und zugleich als wissenschaftliche Disziplin konstituiert wurde. Kybernetik ist für Wiener – wenn man den mathematischen Apparat des Buches außer Acht lässt – Resultat der Erkenntnis, dass Informationsübertragung *nichts* mit Energiebilanzen gemein hat und dass ein Phänomen wie die Konstanz der Körpertemperatur Resultat von Rückkoppelungsprozessen innerhalb des Organismus ist. Ein Großteil des Buches dient der Diskussion neurologischer Probleme.

Aber was sind Rückkoppelungsprozesse, was ist *Feedback?* Zunächst einmal steht dieser Begriff für die Erkenntnis, dass Organismen in der Lage sind, auf Störungen zu reagieren und ihr Verhalten dementsprechend zu verändern. Unterschieden wird hierbei zwischen einer *positiven* und einer *negativen* Rückkoppelung, was einen auf den ersten Blick etwas gewöhnungsbedürftigen Sachzusammenhang umschreibt: Eine *negative* Rückkoppelung liegt dann vor, wenn eine Störung *negiert* wird, d. h., wenn man versucht, sie auszugleichen. Ein passendes Beispiel hierfür ist das Fahrradfahren, bei dem wir das mögliche Abkippen zur Seite mit entsprechenden Gegenbewegungen ausgleichen. Das Ziel derartiger Prozesse besteht also in der Wiederherstellung eines Gleichgewichtszustandes. Bei einer *positiven* Rückkoppelung hingegen wird eine Verhaltensweise vermehrt, *verstärkt*. Wer einmal beobachtet hat, wie sich ein Streit langsam hochschaukelt, kann sich gut vor Augen halten, was einen derartigen Rückkoppelungsprozess ausmacht.

Diese Idee der Rückkoppelung ist die zentrale Idee der Kybernetik. Für biologische Organismen sind rückgekoppelte Verhaltensweisen eine Selbstverständlichkeit, die bereits bei der Amöbe anfängt: Korrigiert diese ihre Bewegung auf ein Ziel hin, so ist dies ein Prozess negativer Rückkoppelung. Vielleicht wird durch diese Schilderung bereits klar, dass der umgangssprachliche Gebrauch des *Feedbacks*, der auf ein Missverständnis des Gestaltpsychologen Kurt Lewin zurückreicht, gemessen an der ursprünglichen Intention dieses Begriffes, falsch ist. *Feedback* ist eine Rück*koppelung* und nicht eine bloße Rück*meldung*.

Der Kybernetiker W. Ross Ashby bezeichnet in seiner insbesondere für die Sozialwissenschaften verfassten *Einführung in die Kybernetik* den *Unterschied* als den wichtigsten kybernetischen Begriff (Ashby 1956, S. 47): Wenn ein Organismus auf eine Störung reagiert, reagiert er auf entsprechende Nervenimpulse. Dies ist insofern bedeutsam, als hiermit eine neue Organisationsebene in der physikalischen Welt auftritt. Bedeutsam für Signal- oder Informationsverarbeitung ist nicht Kraft, Masse oder Energie, sondern die Übermittelung von *Unterschieden*. Diese bedarf zwar einer gewissen Energie, der Betrag dieser Energie ist jedoch an sich nicht relevant – und kann sogar zum Problem werden, wenn man sich die notwendige Kühlung moderner Mikroprozessoren ansieht. Das Neue der Kybernetik besteht somit auch darin, dass festgestellt wurde, dass es einen sehr bedeutsamen Unterschied zwischen Signalverarbeitung und bloßem Energietransport gibt.

Bezüglich der Unterscheidung in positive und negative Rückkoppelungsprozesse sei eine weitere Bemerkung angeschlossen: Es ist außerordentlich wichtig, sich den *Beschreibungscharakter* dieser Phänomene zu verdeutlichen. Es besteht ein großer Unterschied darin zu sagen, dass irgendetwas ein wie auch immer gearteter Rückkoppelungsprozess *ist*, und darin zu sagen, dass ich einen solchen als Derartigen *beschreibe*. Ein Beispiel: Man wird sich unschwer das Wettrüsten zwischen den USA und der UdSSR zwischen den Fünfziger- und den Achtzigerjahren als einen Prozess positiver Rückkoppelung vorstellen können. Wenn die eine Seite fünf Raketen baut, reagiert die andere mit zehn, die eine wiederum mit 15 usw., bis sich das Atomwaffenpotenzial der beiden Mächte dann in den Achtzigern zum 20fachen Overkill, d. h. der möglichen 20fachen Auslöschung irdischen Lebens, aufgeschaukelt hat. Es sind aber genau dieselben Prozesse auch als negative Rückkoppelungen beschreibbar, denn schließlich haben beide Seiten nicht mehr getan, als ein – von ihrer Seite aus betrachtet – *Gleichgewicht* (das „Gleichgewicht des Schreckens") wiederherzustellen. Es dürfte für sehr viele Rückkoppelungsprozesse ähnlich sein, dass ein notwendiges Doppel von positivem und negativem Feedback vorliegt.

Diese Anmerkungen zur Rückkopplung mögen fürs Erste genügen. Für Norbert Wiener war die Kybernetik das Ergebnis der Bearbeitung eines fruchtbaren „Niemandslandes zwischen den verschiedenen bestehenden Disziplinen" (Wiener 1948, S. 26). Wiener bemängelte hierbei auch den fehlenden Austausch zwischen den Disziplinen, sodass dieselbe Arbeit oft mehrfach gemacht wurde. Er als Mathematiker zog seinen Nutzen aus dem Kontakt mit Neurophysiologen wie Arturo Rosenblueth. Wieners eigene Leistungen bestanden in ersten Konzepten zum Bau von Rechenmaschinen und in der Konzeption von Flugabwehrgeschützen. Resultat der Zusammenarbeit war ein neues Verständnis des Nervensystems, das sich u. a. in einer Theorie des Herzflatterns niederschlug.

Als mögliche Anwendungsbereiche der Kybernetik gab Wiener die Entwicklung von Prothesen für verlorene Glieder an, die über mechanische Sensoren die fehlenden Sinnesorgane ersetzen könnten, eine Hoffnung, die heute immer weniger utopisch erscheint. Die zweite von ihm geäußerte Hoffnung aber verwirklichte sich allerdings schneller, als ihm vielleicht lieb war. Er erkannte als innewohnendes Potenzial dieses neuen Denkens nicht nur die Entwicklung von Computern, sondern auch von Robotern und der automatischen Fabrik. Das Potenzial dieser Entwicklung aber hatte seiner Ansicht nach sowohl Möglichkeiten zum Guten als auch zum Bösen. So konstatiert Wiener 13 Jahre später zu einer Neuauflage seiner *Kybernetik* die sozialen Gefahren, die mit dem Bau von Automaten verknüpft sind, wie z. B. die Entwertung des Gehirns (Wiener 1961, S. 10).

5.3 Kybernetik bei Bateson

Das gesamte Anwendungsspektrum der Kybernetik in Batesons Denken hier darzustellen würde die Wiedergabe praktisch all seiner zentralen Themen von den Fünfzigerjahren bis zu seinem Lebensende beinhalten. Aus diesem Grund müssen einige allgemeinere Hinweise genügen: Kybernetisches Denken ist bei Bateson ein Schlüssel zur Double-bind-Theorie wie auch zu seinen erkenntnistheoretischen Ansätzen: der Definition von Geist und seiner wenig sakralen Frage nach dem Sakrament.

Bateson war aktiver Teilnehmer der Josiah-Macy-Konferenzen. In den *Transactions of the Ninth Conference* von 1952 hält er den ersten der zehn dort gehaltenen Vorträge. Er spricht darin über die Stellung des Humors in der menschlichen Kommunikation (Bateson 1953a).

Analysiert man Batesons vorkybernetisches Werk, lässt sich unschwer feststellen, dass er bereits in *Naven* deutlich in diese Richtung denkt. Er formuliert dort nicht nur bereits frühe systemische Ansätze, indem er die Problematik des Beobachters als Teil des beobachteten Systems aufgreift; sondern insbesondere das Schismogenesekonzept erweist sich eindeutig als deckungsgleich mit Prozessen positiver Rückkoppelung und geht sogar analytisch über diese hinaus: Unterscheidet doch Bateson mit *komplementärer* und *symmetrischer* Schismogenese zwei verschiedene mögliche Arten positiver Rückkopplung. Es muss nicht immer der konkurrierende Wettstreit zweier Parteien sein, auch Herrschafts-Unterwerfungs-Verhältnisse können einen derartigen sich selbst verstärkenden Charakter annehmen.

Bateson entwickelt also gleichzeitig mit dem Aufgreifen der Kybernetik bereits vorhandene Strukturen seiner Theorie weiter und profitiert insbesondere durch den erzielten Zuwachs an wissenschaftlichem Formalismus. Bereits die 1951 veröffentlichte Kommunikationstheorie ist schon deutlich von der Kybernetik beeinflusst. Im weiteren Verlauf seiner Forschungsarbeit integriert er die Kybernetik derartig in sein Denken, dass sie zu einem unverzichtbaren Grundpfeiler seines Theoriegebildes wird. Es wird daher kaum verwundern, wenn er in einem Vortrag aus dem Jahre 1966 die Entwicklung der Kybernetik als eines der zwei wichtigsten historischen Ereignisse des 20. Jahrhunderts bezeichnet. Sie sei der „größte Bissen aus der Frucht vom Baum der Erkenntnis, den die Menschheit in den letzten zweitausend Jahren zu sich genommen hat" (1972c*, S. 613).

6 Pathologien der Kommunikation

Im Jahre 1952, ein Jahr nach der Veröffentlichung von *Kommunikation*, erhält Bateson Forschungsgelder, um mit einer kleinen Gruppe von Wissenschaftlern[14] *Pathologien der Abstraktion in der Kommunikation* zu untersuchen. Aus diesem Projekt geht 1956 die *Double-bind-Theorie* hervor, die Bateson weithin bekannt macht und welche die wahrscheinlich meistdiskutierte Theorie zur Verursachung von Schizophrenie darstellt.

Gemessen an dem Grad der Bekanntheit und dem Einfluss dieser Theorie in psychiatrischem und familientherapeutischem Denken, ist der ihr hier eingeräumte Platz gewiss zu gering. Umgekehrt aber ist sie sicherlich nicht das einzig Erwähnenswerte in Batesons Denken, wenn auch ein gewisser Höhepunkt. An einigen Fehlinterpretationen der Double-bind-Theorie lassen sich zudem unterschiedliche Denkgewohnheiten festmachen, wobei sich hier – zumindest nach meinem Dafürhalten – zeigt, dass Batesons Ansatz noch immer nicht in seiner möglichen Bedeutung ausgeschöpft ist, obwohl mittlerweile Jahrzehnte alt.

Im Folgenden wird zunächst die ursprüngliche Fassung dieser Theorie vorgestellt. Daran anschließend werde ich auf Batesons eigene Kritik und Fortführung der Theorie eingehen sowie Wirkung, Anwendung und Interpretation der Double-bind-Theorie in Psychologie wie Familientherapie ansprechen.

14 Zur ursprünglichen Projektgruppe gehörten John H. Weakland, Jay Haley und William F. Fry. Fry verließ das Projekt bereits nach einem Jahr, kehrte aber 1956 wieder zurück. Fry wurde durch Don D. Jackson ersetzt.

6.1 Die Double-bind-Theorie

Batesons erstes Modell konfliktbeladener Beziehungsmuster hatte in seinem Konzept der *Schismogenese* bestanden. Über Schismogenese hatte er die Prozesse von Konkurrenz- und Unterwerfungsmustern (symmetrische und komplementäre Schismogenese) samt ihrer fatalen Logik beschrieben. Die mögliche Einbettung dieses Konzepts in die Kybernetik wurde bereits aufgezeigt.

Resultat einer Schismogenese war der Zusammenbruch der Beziehung. Resultat des *Double-bind*, 20 Jahre später in Anwendung von Typentheorie, Kybernetik und der selbst entwickelten Kommunikationstheorie beschrieben, ist ebenfalls ein Zusammenbruch. Doch es ändern sich der Ort und die Art des Zusammenbruchs. In etwas krasser Formulierung könnte man sagen, dass bei der Schismogenese die Tendenz zur *physischen* Auslöschung des Unterlegenen besteht, während beim Double-bind diese sich *psychisch* ereignet. Nach Bateson besteht das Resultat eines Double-bind im Zusammenbruch der „Fähigkeit jedes Individuums, zwischen logischen Typen zu unterscheiden" (1956d*, S. 278). Zugleich führt dies den Zusammenbruch des „metakommunikativen Systems" mit sich, welches, wie Bateson in seiner Kommunikationstheorie gezeigt hat, eine notwendige Komponente jeder Kommunikation darstellt.

Die Double-bind-Theorie war das Resultat vierjähriger Forschungsarbeit, für die Bateson anfänglich die *Rockefeller-Stiftung* und schließlich die *Josiah-Macy-Jr.-Stiftung* zur finanziellen Unterstützung gewonnen hatte. Mit dem Wechsel der Geldgeber (die *Rockefeller-Stiftung* hatte sich aufgrund der Ergebnislosigkeit zweijähriger Forschung zurückgezogen) war auch eine thematische Verengung des Forschungsbereichs verbunden gewesen – auf die Kommunikation Schizophrener. Diese war zwar zuvor bereits Untersuchungsbereich der Bateson-Gruppe, aber nur als ein Thema unter mehreren – in einem breiteren Rahmen, der sich bloß über die Klammer von „Paradoxien im kommunikativen Prozess" zusammenschloss und neben Studien zum Humor und zum fiktionalen Film Beobachtungen beim Training von Blindenhunden, Bauchrednern, mongoloiden Kindern, Ottern und Hypnose beinhaltete (vgl. Lipset 1980, S. 201 f.).

In den Fünfzigerjahren waren von mehreren Forschergruppen unabhängig voneinander Konzepte vorgestellt worden, in denen

Schizophrenie als Folge einer belasteten familiären Situation angesehen wurde. Frieda Fromm-Reichmann (1978) schilderte Konstellationen, die mit dem Begriff der „schizophrenogenen Mutter" zusammengebracht wurden. Lyman C. Wynne et al. beschrieben die Familien Schizophrener als eine „Pseudogemeinschaft" (Wynne et al. 1959) und die Krankheit des Patienten damit als eine Krankheit der gesamten Familie. Theodore Lidz et al. erkannten Schizophrenie als eine „extreme Form des Rückzuges aus den sozialen Beziehungen" (Lidz et al. 1957) und fanden eine erhebliche Störung der Ehebeziehungen bei allen untersuchten Familien. Harold F. Searles schließlich zeigte anhand von Parallelen zu den Techniken der Gehirnwäsche das Kind dem (unbewussten) Streben ausgesetzt, es verrückt zu machen (Searles 1959).

Inmitten dieser Veröffentlichungen stand die Double-bind-Theorie. Diese fand trotz ihres zu Vorsicht mahnenden Titels *(Toward a Theory of Schizophrenia)* und ihrer vielleicht allzu schnell überlesenen einleitenden Worte, in denen von nicht mehr als einer *Möglichkeit* der Folge von Schizophrenie aus einem Double-bind-Verhältnis gesprochen wurde, starken Widerhall. Dabei gab Bateson freimütig zu, keinerlei statistisches Material zur Stützung der Theorie vorliegen zu haben, und lieferte dieses auch nicht nach; behauptete später vielmehr gar die Unmöglichkeit eines solchen Nachweises. Weshalb fand dann aber diese Theorie einen solch immensen Widerhall? Weshalb verweisen bis heute noch praktisch alle Psychologielehrbücher bei der Diskussion der Schizophrenie auf diese Theorie?

Vielleicht deshalb, weil die Double-bind-Theorie durch die Struktur ihrer Logik, die Verwendung moderner wissenschaftlicher Erkenntnis und eine klare, präzise Beschreibung schizophrenogener Situationen bestach. Damit genügte sie so ziemlich allen Kriterien für ein neues „Paradigma", auch wenn ihr die empirische Grundlage fehlte. Denn sie war immerhin eben eines: eine Theorie und somit ungleich mehr als die bis heute üblichen empiristischen Erklärungsversuche in diesem Bereich. Luc Ciompi schilderte die damalige Situation wie folgt:

> „Dieser Artikel hatte bei den Schizophrenieforschern in aller Welt den Effekt einer Bombe, die einen Damm von rigiden Vorstellungen zum Wesen dieser rätselhaften Affektion ins Wanken brachte und eine Flut von Publikationen zum Problem der schi-

zophrenen Kommunikationsstörungen auslöste, die bis heute nicht verebbt ist" (Ciompi 1982, S. 177).

Zum Inhalt der Double-bind-Theorie

„Ein junger Mann, der sich von einem akuten schizophrenen Schub leidlich gut erholt hatte, wurde im Krankenhaus von seiner Mutter besucht. Er freute sich über ihr Kommen und legte ihr impulsiv seinen Arm um die Schultern, worauf sie erstarrte. Er zog seinen Arm zurück, und sie fragte: ‚Liebst du mich nicht mehr?' Daraufhin wurde er rot, und sie sagte: ‚Lieber, du darfst nicht so leicht verlegen werden und Angst vor deinen Gefühlen bekommen.' Der Patient war danach nicht in der Lage, länger als ein paar Minuten mit ihr zusammen zu sein, und nachdem sie gegangen war, griff er einen Assistenten an und wurde ins Bad gesteckt" (Bateson 1956d*, S. 289).

Dies ist eines der Beispiele, womit die Double-bind-Theorie veranschaulicht wird. Eine Double-bind-Situation beschreibt Bateson über sechs Komponenten: (1) Es müssen zwei oder mehr Personen beteiligt sein, wovon eine der Personen als das Opfer angesehen wird. Damit wird die Familie oder irgendeine andere Gruppe als Kontext definiert. (2) Die Erfahrung der Situation muss sich wiederholen, sodass sich eine Erwartungshaltung (im Sinne von Batesons Deutero-Lernen bzw. Lernen II) herausbildet. Nach dieser noch bloß formalen Beschreibung des „Settings" erfolgt die eigentliche Beschreibung der pathogenen Situation: (3) Es wird ein primäres, negatives Gebot ausgesprochen, irgendein „Du sollst nicht …", das mit der Androhung von Strafe verbunden ist. (4) Damit wird jedoch zugleich ein zweites Gebot vermittelt, das diesem ersten auf abstrakterer logischer Ebene widerspricht, also das Verbotene doch zu erlauben scheint – ganz entsprechend von Batesons Unterscheidung von Kommunikation und Metakommunikation. Ein Beispiel hierfür wäre, sich vorzustellen, wie jemand mit verschränkten Armen eine Liebeserklärung macht: Der Körper widerspricht den Worten, die verbale Aussage wird unglaubwürdig. (5) Des Weiteren erfolgt ein drittes und wiederum negatives Gebot, welches dem Opfer das Fliehen von dem Schauplatz bzw. der Situation verbietet, und (6) schließlich wird nach hinreichendem Durchleben derartiger Situationen – wenn das Opfer schließlich gelernt hat, „sein Universum in *Double-bind*-Mustern wahrzunehmen" – bereits ein Teil einer Double-bind-Abfolge genügen, um Panik auszulösen. Eine derartige Situation kann dann beispielsweise eine Mutter beinhalten, für die ihr Kind in irgendeiner Weise eine Bedrohung darstellt:

> „Bei einer Situation mit diesen Charakteristika nehmen wir an, daß die Mutter eines Schizophrenen immer zumindest zwei Arten von Mitteilungen gleichzeitig ausdrücken wird … Diese lassen sich grob charakterisieren als (a) feindseliges oder abwendendes Verhalten, das sich immer einstellt, wenn sich das Kind ihr nähert, und (b) simuliertes liebevolles oder annäherndes Verhalten, zu dem es kommt, wenn das Kind auf ihr feindseliges oder abwendendes Verhalten reagiert, womit sie zu leugnen versucht, daß sie sich zurückzieht" (1956d*, S. 284 f.).

Das Kind ist in einer *Beziehungsfalle* (Stierlin), einem Double-bind, gefangen und kann sich dieser nur dann einigermaßen entziehen, wenn es die mütterliche Kommunikation nicht mehr genau interpretiert. Es wird seine Wahrnehmung der *metakommunikativen* Signale systematisch zu verzerren beginnen, wenn es keine Möglichkeit hat, bei einem anderen Familienmitglied sichere Beziehungsmuster zu entwickeln. Das Opfer eines Double-bind wird sich in die Enge getrieben fühlen und versuchen auszuweichen, d. h., sich der Situation dadurch zu entziehen suchen, dass es „ein anderer wird" oder darauf beharrt, „anderswo zu sein". Und es wird zu metaphernreicher Sprache Zuflucht nehmen und dadurch dem Gegenüber die Interpretation seiner Worte überlassen (S. 280 f.).

Bateson listet hierzu drei mögliche Typen der Reaktion des Kindes auf, die zugleich den drei klassischen Typen schizophrener Erkrankung entsprechen: *Paranoia*, *Hebephrenie* und *Katatonie*. Der paranoide Typus zeichnet sich hier darin aus, dass er hinter allen Aussagen verborgene feindliche Bedeutungen annimmt, ein übertriebenes Interesse an diesen konstruierten Botschaften entwickelt und eine von Trotz und Misstrauen geprägte Haltung einnimmt. Der hebephrene Typ wählt eine andere Möglichkeit. Er missachtet alles, was nicht rein wörtlich zu verstehen ist, also sämtliche metakommunikativen Signale, die vom paranoiden Typus ins Unmäßige überstiegert wurden. Der Hebephrene wird alle Mitteilungen als unwichtig oder als lächerlich behandeln. Eine dritte Möglichkeit zeigt sich in dem katatonen Verhalten, das darin besteht, alle Mitteilungen zu ignorieren und umgekehrt sich selbst so zu verhalten, dass möglichst kein Anlass zur Reaktion der Umwelt provoziert wird (S. 282).[15]

Meines Wissens ist dieses Modell das einzige, dem es gelingt, zumindest ansatzweise eine sinnvolle und hinreichend logische Erklärung für die drei klassischen Ausbildungsweisen der schizophrenen Erkrankung zu finden. Die Struktur, die hinter dieser Beschreibung steckt, wird zwar von Bateson nicht weiter expliziert, leitet sich aber aus der Logik angewandter Typentheorie ab: Das Double-bind ist bedingt durch einen Widerspruch auf verschiedenen Kommunikationsebenen. Vereinfacht man es auf widersprüchliche Kommunikation und Metakommunikation (denkbar wären auch komplexere Mischungen), so wird der paranoide Typ den *kommunikativen Aspekt*, der hebephrene Typ den *metakommunikativen* und der katatone Typ schließlich *beide Aspekte* negieren, d. h. jeweils als irrelevant behandeln. Damit sind aber auch zugleich die logischen Möglichkeiten ausgereizt, und eine erstaunlich einfache (logische) Erklärung wird geliefert. Interessanterweise wird dieser Aspekt der Theorie in der Fachliteratur jedoch nicht berücksichtigt.

Einen weiteren logischen Aspekt hebt Bateson hinsichtlich der schizophrenen Denklogik hervor: Schizophrene Äußerungen sind reich an Metaphern. Damit scheinen Schizophrene sich davor schützen zu wollen, Aussagen zu machen, die sie wieder aufs kommunikative Glatteis führen würden. Mit Eilhard von Domarus wird somit eine Abweichung im logischen Denken festgestellt. Unser „normales“ Denken gehorcht dem so genannten *Modus Barbara:*

Sokrates ist ein Mensch.
Menschen sind sterblich.
Also ist Sokrates sterblich.

15 Psychologische Fachliteratur beschreibt diese drei Typen dahin gehend, dass sich der *paranoide* Typ durch Auftreten von Wahnsymptomen (häufig Verfolgungswahn, seltener Größenwahn) auszeichnet. Der *hebephrene* Typ zeigt Veränderungen im affektiven Bereich. Unangebrachte Gefühlsäußerungen, plötzliches Weinen oder Lachen zeichnen ihn aus. Der *katatone* Typ schließlich äußert sich in Störungen der Psychomotorik, extremer Erregung wie völliger körperlicher Regungslosigkeit (Stupor). (Nach Rey u. Thurm 1990, S. 369; Davison u. Neale 1988, S. 440).

Schizophrenes Denken scheint in anderen Bahnen zu verlaufen. Anstatt dass, wie im Modus Barbara, über die Substantive logisch geschlossen wird, vollzieht sich der Schluss über die (grammatischen) Prädikate (vgl. Domarus 1944, S. 111). Batesons Beispiel hierzu:

> „Menschen sterben.
> Gras stirbt.
> Menschen sind Gras" (1956d*, S. 274).

Damit veranschaulicht Bateson zum einen das abweichende Denken Schizophrener, zum anderen aber auch die Logik von Metaphern. In schizophrenem Denken bzw. Sprechen werden Metaphern nicht als solche markiert. Das Gelingen einer Aussage mit einem „als ob" ist daher ein wichtiger Schritt in der Therapie.

6.2 Fortführung der Double-bind-Theorie

Bateson hatte im Rahmen seines Forschungsprojektes bezüglich der Paradoxien der Kommunikation zuvor bereits eine *Theorie des Spiels und der Phantasie* (1955a*) entwickelt. In dieser wies er für die Möglichkeit des Spiels bei Mensch und Tier die Notwendigkeit einer vorliegenden Metakommunikation irgendeiner Art nach. Tiere wie Menschen sind in der Lage, eine ernst gemeinte Drohgebärde von einer bloß spielerischen zu unterscheiden – sie sind in der Lage, Situationen zu kontextualisieren. In dieser Theorie taucht auch jener *Rahmenbegriff* erstmals auf, der dann später u. a. die *Rahmenanalyse* Erving Goffmans (1974) inspirierte.

Die Double-bind-Theorie steht also in einem breiteren Zusammenhang, der von erlernten Charaktereigenschaften ausgeht und diese mittels logisch unabhängiger Kommunikationsebenen erklärt sowie diese auch auf die Kontextualisierung von Situationen anwendet. Wichtig für diese Theorie ist aber auch, dass ein Double-bind nicht notwendig zu einer Erkrankung führen muss. Januskopfig weist ein Double-bind in zwei Richtungen: Er ist auch ein möglicher Schlüssel für die Entwicklung von Kreativität. Gelingt es jemandem, der in einer Double-bind-Situation gefangen ist, dadurch auszubrechen, dass er eine „metakommunikative" Lösung findet, bedeutet dies Vorhandensein wie Förderung von Kreativität (1972g*, S. 359 f.) bzw. von Lernen III (1972e*, S. 391).

Eine erste Weiterentwicklung der Double-bind-Theorie besteht in der Einführung des Gruppenbegriffs für den Bereich der Kommunikation. Dieser, so Bateson, ermöglicht die Analyse von sonst sinnlos erscheinenden Aussagen Schizophrener. In Anwendung kybernetischen Denkens führt er dabei weiter aus, dass ein über Kommunikation konstituiertes Gesamtsystem „schnell entweder auf Gleichförmigkeit oder auf systematische Differenzierung" (1960a*, S. 308)[16] hinarbeitet. Dies bedeutet zugleich eine Erhöhung der Einfachheit, was er mit *Organisation* gleichsetzt. Dadurch ist auch der Einbezug der Familie (als des nächstgrößeren Systems) in die Therapie eines Schizophrenen begründet. Schizophrenie zeigt sich als Störung im Verhalten bzw. in der Kommunikation. Damit wird aber auch die individuelle Ebene als Ort möglicher Verantwortungs- oder gar „Schuld"zuschreibung verlassen. Die Familie ist nur der Rahmen, innerhalb dessen sich dieses Verhalten entwickelt hat. Die Analyse familiärer Kommunikationsweisen tritt an die Stelle intrapsychischer Zumutungen.

Die Double-bind-Theorie ist sowohl in ihrem Entstehen als auch hinsichtlich ihrer Veröffentlichung wie auch in der weiteren Rezeption recht problembeladen (vgl. Lutterer 2000, S. 97 ff.). Zu den Fehlern, die die anfängliche Konstruktion der Double-bind-Theorie beinhaltete, zählt das Problem der *Verdinglichung,* wie Bateson in einer späteren Veröffentlichung berichtet. Er macht dabei klar, dass ein Double-bind viel mehr als ein Verhalten anzusehen ist anstatt als ein zählbares „Etwas" (1972g*, S. 354). Es handelt sich somit um einen kontextuellen, einen relationalen Begriff, den man daher wohl besser strikt im Plural gebrauchen sollte: *Double-binds* sind also (potenziell pathogene) Interaktionsmuster.

Bezüglich der Pathologie ist es auch von Interesse, dass Bateson den Prozess menschlichen Lernens als einen probabilistischen Prozess von Versuch und Irrtum beschreibt. Hierbei argumentiert er, dass der Irrtum „immer biologische und/oder psychische Opfer" mit einschließt (S. 356). Entspricht somit das wohl weltweite Vorkommen von Schizophrenie einem notwendigen Preis für die Entwicklung der menschlichen Komplexität? Bateson lässt diese Frage

16 *Gleichförmigkeit* entspricht hier negativer Rückkopplung, *Differenzierung* positiver Rückkopplung bzw. dem batesonschen Begriff der Schismogenese.

offen. Denn für ihn steht nicht die Double-bind-Theorie selbst im Mittelpunkt seines Interesses, sondern die damit verknüpften Phänomene und Probleme kommunikativen Handelns. Daher bezeichnet er diese Theorie schließlich 1966 auch als „keine Theorie im gewöhnlichen Sinn", sondern vielmehr als „eine neue Sprache oder vielleicht neue Erkenntnistheorie" (1966d, S. 415), und als solche sei sie weder als wahr noch als falsch anzusehen, sondern nur als geeignet oder nicht. Da die Double-bind-Theorie als systemische Theorie zur Erklärung paradoxer Kommunikation im Jahre 1956 entwickelt wurde, kann somit das Jahr 1966 als das Geburtsjahr eines *explizit* gewordenen systemischen Denkens bei Bateson gelten – zwei Jahrzehnte nach der ersten der Kybernetikkonferenzen in New York.

Die Zeitspanne, in der Bateson die Double-bind-Theorie wieder aufgreift, d. h. revidiert und weiterentwickelt, reicht bis in die Siebzigerjahre hinein. Er bezieht hierbei auch Stellung zur Frage nach der Vererbung von Schizophrenie. Da Erbfaktoren in der Literatur gewöhnlich ein sehr hoher Stellenwert zugeschrieben wird (und die aktuelle Genhysterie gar alles als genetisch bedingt und daher als in dieser Weise „entschuldbar" erwiesen wissen will), ist Batesons Argumentation gewiss nicht ohne Wert: Er hält Vererbung durchaus auch für einflussreich, aber eher dahin gehend, bei *welchem* Familienmitglied sich die Schizophrenie ausbilden wird (1960c*, S. 342).[17] Bateson bezeichnet dabei eine „verdeckte Schizophrenie" als charakteristisch für die Eltern von Schizophrenen. Verdeckte Schizophrenie bedeutet hier eine vorhandene Störung im metakommunikativen System, die der Betroffene aber einigermaßen kontrollieren kann und zudem durch eine meist recht erfolgreiche Strategie der Schuldzuweisung an andere maskiert. Bateson problematisiert in diesem Zusammenhang auch die Frage, wie jenes Verhaltensmuster verdeckter elterlicher Schizophrenie (das als *Rigidität* charakterisiert wird) in das Verhaltensmuster offener kindlicher Schizophrenie (welches als „besondere Stärke der psychologischen Unterwerfung unter den *Status quo*" charakterisiert wird) umschwenken kann (vgl. S. 345 f.). Mittels *kommunikativer* Theorien ist dieser Sachverhalt leicht erklärbar. Wie aber *genetisch* erklären, dass sich Verhalten derart umkehrt?

17 Das Auftreten von zwei oder mehr schizophrenen Familienmitgliedern ist recht selten. Die Statistiken sprechen von 7 bis 8 % der Geschwister eines Erkrankten (Rey u. Thurm 1990, S. 370).

6.3 Nachbemerkung zum Double-bind

Die Erforschung von Paradoxien in der Kommunikation innerhalb von Batesons Projektgruppe reicht von 1952 bis ins Jahr 1962. Damals beschloss Bateson, die psychiatrisch orientierte Arbeit nicht weiter fortzusetzen. Er hat sich stattdessen, zur weiteren Erforschung kommunikativer Phänomene, zunächst mit der Interaktion von Tintenfischen und sodann für ein halbes Jahrzehnt mit Delphinfoschung beschäftigt. Von seiner Projektgruppe sind vermutlich Haley und Jackson die bekanntesten Personen geworden; Haley aufgrund seiner Veröffentlichungen beispielsweise über die Psychotherapie Milton H. Ericksons (Haley 1973) oder über Strategien der Psychotherapie (1963) und Jackson insbesondere aufgrund dessen, dass er im Jahr 1959 das heute noch bestehende – und später lange Jahre von Paul Watzlawick geleitete – *Mental Research Institute* in Palo Alto gründete. Jackson hatte Bateson übrigens damals auch Mitarbeit in seinem Institut angeboten, was dieser jedoch ablehnte.

Jenes Denken Batesons, das sich insbesondere in den Double-bind-Veröffentlichungen manifestiert, erweist sich bis heute als außerordentlich einflussreich in der familientherapeutischen und systemischen Praxis. Als prominente Nutznießer seines Denkens seien neben Paul Watzlawick auch Helm Stierlin, Lyman C. Wynne, Mara Selvini Palazzoli und Paul F. Dell angeführt. So erklärt etwa Selvini Palazzoli, dass „Bateson und sein Team in Palo Alto" die Familientherapie begründet hätten (Selvini Palazzoli 1981, S. 384). Und Dell äußert sich dahin gehend, dass Batesons Arbeiten ihm „durchgängig gründlicher und interessanter als 95 % der Veröffentlichungen über Systemtheorie und Kybernetik" erscheinen (Dell 1986, S. 16). Was übrigens aus den Auseinandersetzungen innerhalb der Projektgruppe Batesons bis in die heutigen Tage auch in der Familientherapie noch nachhallt, ist die Kontroverse zwischen Haley und Bateson um die therapeutische Bedeutung von Macht und Kontrolle. Haley – und mit ihm später auch Watzlawick – erachtet hierbei die Ausübung von Macht als eine therapeutische Notwendigkeit. Bateson hingegen – und mit ihm insbesondere Dell – erkennt Macht als einen Mythos von ganz eigener Gefährlichkeit. Ich werde im nachfolgenden Kapitel noch näher auf diese Position Batesons eingehen.

Der gegenwärtige Forschungsstand bezüglich der Verursachung von Schizophrenie zeigt übrigens eine noch immer nicht ganz aufgeklärte Mischung verschiedener Faktoren. Allerdings kann als gesichert angesehen werden, dass eine genetische Prädisposition im Sinne einer höheren Verletzlichkeit („Vulnerabilität") gegenüber einem kommunikativen Umfeld eine wichtige Rolle spielt. Eine ebenfalls wichtige Rolle spielt jedoch auch ebendieses Umfeld. Um dies mit einem recht drastischen Bild auszudrücken: Es mag genetisch vererbt sein, ob der menschliche Knochenbau leicht oder schwer, spröde oder elastisch ist. Das Brechen eines Knochens bleibt trotz alledem eine andere Sache.

Abschließend sei zur Double-bind-Theorie noch angemerkt, dass diese tatsächlich nach wie vor empirisch weder bewiesen noch widerlegt ist und wohl auch mit den üblichen Methoden nicht nachzuweisen ist. Es gibt jedoch trotzdem gute Gründe, sie als eine treffende Charakterisierung der Situation anzusehen, in der Schizophrene gefangen sind. Der Ort, an dem sich eine Schizophrenie zeigt, sind Abweichungen in der Sprache und dem Weltbild, und diese Abweichungen mittels Widersprüchen auf unterschiedlichen Kommunikationsebenen zu erklären ist nicht ohne Plausibilität. Ein wichtiges Resultat damaliger Forschungsarbeit besteht überdies auch darin, dass in dem kybernetisch orientierten Verständnis Batesons auf die Kategorisierung eines Schizophrenen als *krank* verzichtet wird. „Schizophrenes" Verhalten wird stattdessen in einen breiteren kommunikativen Kontext eingebettet und dadurch als eine extreme Reaktion auf als extrem erlebte Erfahrungen verstanden.

7 Kybernetische Erkenntnistheorie

Nach einer wissenschaftlichen Odyssee, die sich über vier Jahrzehnte erstreckte, verdichteten sich Ende der Sechzigerjahre bisher nur lose verknüpfte Fäden zu einem Gewebe, das die Frage nach Bedingungen und Struktur menschlicher Erkenntnis beinhaltete sowie notwendige Grenzen als auch vorhandene Pathologien problematisierte. Erkenntnistheorie wurde zum zentralen Interesse Batesons. Diese ist für ihn eine „unteilbare, integrierte Metawissenschaft", deren Thema „die Welt der Evolution, des Denkens, der Anpassung, der Embryologie und der Genetik bilden – die Wissenschaft des Geistes im weitesten Sinn des Wortes" (1979a, S. 111 f.). Damit verknüpft er den Begriff der Erkenntnistheorie mit biologischen Prämissen. Ein derartiges Verständnis wird sich notwendig von einem klassisch philosophischen unterscheiden. Mit dem expliziten Einbezug von Biologie als empirischer Wissenschaft deutet sich eine Verlagerung des Erkenntnisbegriffs an. Dies wird insbesondere anhand von Batesons kybernetischer Definition von *Geist* deutlich werden. Allerdings sei gleich an dieser Stelle darauf verwiesen, dass das englische *mind* weniger an möglichem spirituellem Beiklang beinhaltet als der deutsche Begriff *Geist*.

Die Veränderung des Erkenntnisbegriffes wird von Bateson selbst dahin gehend beschrieben, dass er einen Übergang von der „konventionelleren Definition …, wie Erkenntnis *möglich* ist", auf die Frage, „wie Erkennen *geschieht*" (1987, S. 36 f.), vollziehen möchte. Damit wird die Frage nach den Bedingungen und Voraussetzungen von Erkenntnis (d. h. Erkenntnisfähigkeit) weitgehend ausgeklammert zugunsten der Frage danach, wie sich diese faktisch vollzieht. Über ein neues Verständnis von *Geist* sucht er einen alternativen Weg zu entwickeln, welcher frei von diagnostizierten Irrtümern des traditionellen Erkenntnisbegriffes ist. Denn: Die Grundursachen für „*alle* der vielen gegenwärtigen Bedrohungen für das Überleben der Menschheit“ sind derer drei: der *technologische Fortschritt*, das *Bevölkerungswachstum* sowie *bestimmte Irrtümer im Denken* (1972h*, S. 629). Batesons Hoffnung ist hierbei die, dass eine Korrektur bei *einem* dieser drei Grundübel ausreichend ist, um das menschliche Überleben zu sichern. Sein Ansatzpunkt ist der Letztere dieser drei Punkte.

Dabei geht er von einer veränderten Sicht des Bezugs von *Körper und Geist* aus: Die Idee der *Trennung* von Körper und Geist wird im Allgemeinen mit René Descartes in Verbindung gebracht, und gegen dessen Dualismus von Körper bzw. Materie und Geist entwickelt Bateson in Anlehnung an C. G. Jung eine Verbindung beider. Daraus resultiert ein Verständnis von *Geist*, das zum einen nicht mehr mit den Körpergrenzen eines Individuums übereinstimmt und zum anderen deutliche Ausdehnung erfährt. Diese Argumentation wird hier in ihren wesentlichen Punkten nachvollzogen werden. Dazu wird in den darauf folgenden Abschnitten *Bewusstsein* gegen Geist abgegrenzt sowie ein Teil von Batesons Diagnosen der erkenntnistheoretischen Irrtümer aufgelistet. Das Ende des Kapitels bildet eine vorläufige Analyse seines Denkens, die sich an Batesons Angriff auf wissenschaftliche Logik orientiert. Es sei darauf hingewiesen, dass die nachfolgenden Darlegungen nur einen einführenden Charakter aufweisen.[18] Sie werden nur schwerlich die Lektüre von Batesons Texten ersetzen können, auch wenn sie diese in zentralen Positionen darlegen. Allerdings sollen wenigstens einige Missverständnisse angesprochen werden, die häufig insbesondere bei der Lektüre der späteren Veröffentlichungen Batesons aufgetreten sind.

7.1 Unterschiede, die einen Unterschied machen

„Wenn ich gegen einen Stein trete, dann gebe ich dem Stein Energie, und er bewegt sich mit dieser Energie; und wenn ich einen Hund trete, dann stimmt es, daß mein Tritt einen teilweise Newtonschen Effekt hat. Ist er fest genug, dann könnte mein Tritt den Hund in eine Newtonsche Flugbahn versetzen, aber das ist nicht das Wesen der Sache. Wenn ich einen Hund trete, dann reagiert

18 Ausführlicher siehe Lutterer (2000).

er mit der Energie, die aus seinem Stoffwechsel kommt. In der ‚Steuerung' der Handlung durch Information ist die Energie bereits vor der Einwirkung von Ereignissen in dem Reagierenden vorhanden" (1979a, S. 126 f.).

Veraltete Prämissen

Den Dualismus von *Geist und Materie* bezeichnet Bateson als *veraltet, unzeitgemäß* und *falsch* (1979a, S. 263).[19] Die Trennung von Geist und Materie sei die Grundlage von „schlechten Prämissen, vielleicht letztlich tödlichen Prämissen" (1987, S. 36) für unser Handeln und damit, gemeinsam mit der Betonung von *Quantität* im wissenschaftlichen Verständnis, „Glaubenssätze, die sowohl veraltet als auch gefährlich sind" (S. 87).

Warum? Nun, *pragmatisch* gesehen, so Bateson, führen derartige Prämissen notwendig zu Gier, Krieg, Tyrannei und Umweltverschmutzung. *Intellektuell* gesehen sind sie seit dem Aufkommen von Systemtheorie, Kybernetik und Gestaltpsychologie schlichtweg veraltet und selbst als Grundlage für Religion mittlerweile ebenso untragbar (vgl. 1979a, S. 263 f.).

Eine umfangreichere Diskussion Batesons zu diesem Thema findet sich im posthum veröffentlichten fragmentarischen *Wo Engel zögern* (*Angels Fear …*). Dort macht er klar, dass gerade die Auffassung einer *Trennung* von Geist und Materie einen bloßen Glaubenssatz (1987, S. 87) darstellt, und führt daraufhin den „materialistischen Aberglauben" (S. 89), dass *Quantität Muster determinieren könne,* ebenso ad absurdum wie den antimaterialistischen einer *Herrschaft des Geistes über die Materie*. Er zeigt in diesem Zusammenhang, wie bei derartigen Ansätzen das Übernatürliche über die Hintertür wieder eingeführt wird. Batesons Gegenkonzept ist ein holistisches:

> „… wir wissen heute genug, um erwarten zu können, daß dieser verbesserte Stand monistisch sein wird und daß die begriffliche Trennung zwischen ‚Geist' und ‚Materie' als Begleiterscheinung

19 Weitere scharfe Kritik Batesons erfährt in diesem Zusammenhang auch die Verlagerung des wissenschaftlichen Blick von *Qualität* auf *Quantität* sowie die Verwendung von Begriffen wie *Macht* oder *Energie* zur Beschreibung geistiger Phänomene. Im letzteren Fall hält er die Metaphern für schlichtweg falsch, weil physikalistisch, im ersteren kritisiert er den Antiästhetizismus dieser Verlagerung.

– oder Nebenprodukt – eines *unzureichenden Holismus* erscheinen wird. Wenn wir uns zu eng auf die Teile konzentrieren, werden wir die notwendigen Charakteristika des Ganzen nicht sehen und dann versucht sein, die Phänomene, die sich aus der Ganzheit ergeben, einer übernatürlichen Entität zuzuordnen" (1987, S. 79).

Verbindung von Geist und Materie

Dem cartesianischen Dualismus von Geist und Materie stellt er Carl Gustav Jungs Unterscheidung von *Creatura* und *Pleroma* gegenüber. Dieser bezeichnete in einer etwas dunklen Schrift, *Septem Sermones ad Mortuos* (Jung 1916), *Pleroma* als die unbelebte und *Creatura* als belebte Materie. Die bei Jung vorhandene Verbindung zwischen Pleroma und Creatura erscheint Bateson als ein „viel gesünderer erster Schritt" (1987, S. 36) als die Trennung beider durch Descartes.

Pleroma steht bei Bateson für die Welt der *Kräfte*, *Creatura* für die Welt des *Unterschiedes*. Damit entsprechen diese der Welt der Naturwissenschaft und der Welt der Kommunikation (1972f*, S. 617). In der Welt der Creatura spielt Energie keine Rolle, in der Welt des Pleroma ist Information ohne Belang.[20]

Vergleicht man die Begriffspaare Geist und Materie sowie Creatura und Pleroma, so erscheinen diese als verschiedene Begriffe für dasselbe Problem. Bateson greift somit eine sehr alte philosophische Frage auf, geht sie aber in anderer, neuer Weise an: Er nimmt von einem bloß als metaphysisch bzw. als transzendent verstandenen *Geist* Abstand, um diesem Begriff stattdessen bereits einem gewissen Komplexitätsgrad organisierter Materie zuzusprechen.

Geist: Die Welt der Kommunikation

Worin besteht der *Unterschied*, der die Welt der Creatura ausmacht? Zunächst ist er nichts in Zeit und Raum Verortbares, er ist eine Idee (S. 618) und Batesons Auffassung damit eine eingestandenerweise platonische. Unsere Erkenntnis basiert auf der *Wahrnehmung von Unterschieden*. Unterschiede konstituieren die Welt der Kommunikation. Dies wird von Bateson verdeutlicht anhand einer auf Alfred Korzybski (1941) zurückgehenden Behauptung, dass „die Karte nicht das Territorium ist" (Bateson 1970a*, S. 577): Nachrichten von

20 Zu den Grenzen dieser Anleihe bei Jung und den Gnostikern siehe Nachmanovitch (1983).

Unterschieden, so wie etwa der Höhe, der Vegetation oder der Bevölkerungsstruktur sind der Stoff dessen, was uns eine „Karte" von einem Territorium zeichnen lässt. Karten dieser Art machen insgesamt unsere Erkenntnis aus. Damit folgt er zugleich Immanuel Kants Unterscheidung vom *Ding an sich* und dem *Ding als Erscheinung* (vgl. Bateson 1987, S. 33):

> „Das Territorium selbst kommt nie ins Spiel. Das Territorium ist *Ding an sich,* und man kann nichts damit anfangen. Der Prozeß der Abbildung wird es immer herausfiltern, so daß die geistige Welt nur aus Karten von Karten von Karten *ad infinitum* besteht. Alle ‚Phänomene' sind im wörtlichen Sinne ‚Erscheinungen'" (1970a*, S. 584).

Für die so konstituierte Welt der Kommunikation – die zugleich Welt des Geistes ist – macht er aber auch die *Irrelevanz* von Energie und Kraft deutlich. Derartig orientierte Erklärungsweisen folgten einem fehlgeschlagenen Paradigma, wie er anhand eines prägnanten Beispiels demonstriert: „Der Brief, den man nicht schreibt, kann eine wütende Erwiderung auslösen" (1970a*, S. 581). *Keine* Nachricht kann also eine Nachricht sein: Das fügt sich in eine Kommunikationstheorie ein, die auf der Wahrnehmung von Unterschieden basiert, aber nicht in ein Modell wirkender Energie.

In diesem Zusammenhang formuliert er auch seine (u. a. von dem Systemtheoretiker Niklas Luhmann immer wieder aufgegriffene) bekannte Definition von *Information* als „Unterschied, der einen Unterschied ausmacht" (S. 582). Batesons Modell ist hierbei von einer digitalen Struktur, indem sich Erkenntnis über das Auftreten („1") oder das Ausbleiben („0") von Unterschieden ergibt. Besteht ein *Unterschied* (bzw. wird er als solcher erkannt), so fügt er sich in ein hierarchisches System ein, entsprechend der *Typentheorie* von Russell.[21] Als eine Erkenntnis *über* eine Sache ist diese nicht die Sache selbst. Mithilfe der Typentheorie demonstriert Bateson aber auch Grenzen unseres Denkvermögens: Nachdem es klar sein dürfte, dass es Unterschiede zwischen Unterschieden gibt, offenbaren sich rasch Grenzen unserer Abstraktionsfähigkeit. So zeigt sich zunächst einmal ein Unterschied als eine „Demarkationslinie" (S. 587), also als

21 Allerdings interpretiert Bateson damit die Typentheorie etwas eigenwillig, vgl. Lutterer (2000, S. 59).

die Wahrnehmung eines Übergangs bzw. einer Veränderung. Unterschiede, ihrerseits möglicher Stoff der Differenzierung und Klassifizierung, führen zu folgender Aufgabe:

> „Beachten Sie zunächst, daß sich Strukturunterschiede (a) von Farbunterschieden *unterscheiden*. Nun bedenken Sie, daß sich Größenunterschiede (b) von Formunterschieden *unterscheiden*. Entsprechend *unterscheiden* sich Verhältnisse (c) von Subtraktionsunterschieden.
>
> Ich möchte Sie nun als Schüler von Korzybski einladen, die Unterschiede zwischen ‚Unterschied (a)', ‚Unterschied (b)' und ‚Unterschied (c)' im vorigen Abschnitt zu definieren" (1970a*, S. 588).

Man wird hier eine Antwort wohl schuldig bleiben müssen. Die Definition eines derartigen Unterschiedes scheint das menschliche Vorstellungsvermögen zu übersteigen. So weit an dieser Stelle zu Batesons Versuch einer Verbindung von Geist und Materie. Besondere Bedeutung erlangte der Begriff des *Unterschiedes*. Über die Wahrnehmung von Unterschieden hebt sich die geistige, die kommunikatorische von der materiellen Welt ab.

7.2 Die Definition von *Geist*

> „Ich werde in die Kategorie *geistiger Prozeß* eine Reihe von Phänomenen aufnehmen, die die meisten Menschen nicht für Denkprozesse halten ...
>
> „Ja, überall, wo *Information* – oder *Vergleich* – für unsere Erklärung den Ausschlag gibt, *dort* findet für mich ein geistiger Prozeß statt" (1987, 31 f.).

Unterschiede konstituieren also die Welt der Kommunikation, die für Bateson zugleich die Welt des Geistes darstellt. Um nun diesen Bereich wissenschaftlicher Analyse zugänglich zu machen, schlägt er eine Reihe von „Minimalforderungen an ein System" (1972f*, S. 619) vor, welches damit als *Geist (mind)* bezeichnet werden könnte. Diese anfangs aus vier Punkten (ebd.) bestehende Liste wird später auf sechs Kriterien ausgedehnt, basierend auf der Idee der Möglichkeit einer derartigen „Strukturierung der Erkenntnistheorie, der Evolution und der Epigenese" (1979a, S. 113). Diese sechs Kriterien sind die folgenden:

1. Ein Geist ist ein Aggregat interagierender Teile oder Komponenten.
2. Die Interaktion zwischen Teilen des Geistes wird durch Unterschiede ausgelöst.
3. Geistige Prozesse erfordern kollaterale [i. e. begleitende, zusätzliche; W. L.] Energie.
4. Geistige Prozesse erfordern zirkuläre (oder komplexere) Determinationsketten.
5. In geistigen Prozessen müssen die Auswirkungen von Unterschieden als Transformate (d. h. codierte Versionen) von vorausgegangenen Ereignissen aufgefasst werden.
6. Die Beschreibung und Klassifizierung dieser Transformationsprozesse enthüllen eine dem Phänomen immanente Hierarchie logischer Typen (nach 1979a, S. 113 f.).

Man könnte diese Liste auch als einen Bauplan verstehen. Baut man sich damit einen *Geist* zusammen, so würde dieser in etwa so aussehen: Zuerst benötigt man als Minimum zwei Komponenten, über die nicht mehr ausgesagt wird, als dass sie interagieren müssen (Kriterium 1). Man kann sie sich als zwei elektronische Module vorstellen, die über Kabel miteinander verbunden sind. Als Zweites wird die Funktion dieser Kabel spezifiziert. Sie dienen nicht dem Energiefluss, sondern der Informationsübertragung. Dies wird über das dritte Kriterium bestätigt: Energie ist zwar notwendig, aber sie kommt von woandersher, zum Beispiel aus der Steckdose. Weiterhin, als Viertes, ist es notwendig, dass jedes Modul Signale des anderen empfängt und seinerseits Signale aussendet und dadurch Rückkopplungsprozesse erzeugt. Dies wird über das fünfte Kriterium dadurch noch gekennzeichnet, dass Empfang wie Aussenden von Umwandlungsprozessen begleitet sind (im Kopf hat man keine Buchstaben). Schließlich verdeutlicht das sechste Kriterium u. a. die Unterschiedlichkeit von Signalen und Handlungen.

Was folgt aus dieser Definition von *Geist?* Zum einen wird deutlich, dass Geist nicht mehr den Körpergrenzen entspricht. Zwei Menschen, die miteinander sprechen, konstituieren ein geistiges

System – womit sich zugleich eine Hierarchisierung offenbart: Auch Teile eines Geistes können wiederum *Geiste* oder *Subgeiste* (Bateson 1979a, S. 114) darstellen. Geistige Prozesse sind somit auch nicht notwendig an Leben im biologischen Sinn gebunden.

Damit bietet Bateson ein theoretisches Gerüst zur Beschreibung moderner informatorischer Prozesse, wie er selbst anhand der Frage „Denken Computer?" aufzeigt. Bateson verneint dies zwar, doch zeigt er, dass das System *Mensch – Computer – Umgebung* sich auf Versuch und Irrtum einlässt und damit *denkt* sowie dass in einem Computer *einfachste* Denkprozesse ablaufen, wenn er seine eigene Temperatur kontrolliert (1972f*, S. 620).

Bateson begreift also *Geistprozesse* und *Denken* als identisch. Mithilfe seiner sechs Geistkriterien gelingt es ihm, diesen Begriff kommunikationstheoretisch zu erfassen und als anwendbare Größe zu definieren. Dieser Gebrauch von *Geist* unterscheidet sich notwendig von der klassischen philosophischen Sicht dieses Begriffes. Ob man nun den Begriff des Geistes insgesamt für zu kostbar erachtet für eine derart pragmatische Definitionsweise wie bei Bateson, ist möglicherweise Geschmackssache. Am Beschreibungsprinzip ändert sich dadurch nichts. Und über *Bewusstsein* sowie andere komplexere geistige Prozesse ist hiermit noch nicht viel gesagt.

Aus dieser Sichtweise dürfte sich auch eine veränderte Definition des *Individuums* ableiten. Wenn Geist einerseits über den menschlichen Körper hinausgehen kann, andererseits sich der Mensch seinerseits auch aus *Subgeisten* „zusammensetzt", kann man das Individuum nicht mehr als mit den Körpergrenzen übereinstimmend ansehen. Bateson gebraucht hier das Beispiel eines Blinden mit seinem Stock: Wo beginnt das Selbst?

> „Stellen Sie sich vor, ich sei blind, und ich benutze einen Stock. Ich mache tap, tap, tap. Wo fange *ich* an? Ist mein geistiges System an dem Griff des Stocks zu Ende? Ist es durch meine Haut begrenzt? Fängt es in der Mitte des Stocks an? Oder beginnt es an der Spitze des Stocks? Aber das sind alles unsinnige Fragen. Der Stock ist ein Weg, auf dem Umwandlungen von Unterschieden übertragen werden. Die richtige Weise, das System abzugrenzen, besteht darin, die Grenzlinie so zu ziehen, daß man keinen dieser Wege in einer Weise durchschneidet, die die Dinge unerklärbar macht" (1970a*, S. 590).

Zugunsten einer derartigen Sicht gibt Bateson das Individuum als Begriff zugunsten einer systemischen Sichtweise auf. Es gibt nur „Körper in der Umgebung", ebenso wie es nur Menschen, d. h. „Individuen", in sozialen Kontexten geben kann (S. 591). Bateson kommt somit zu einen Modell, das sich von der allzu engen Begrenzung auf die leibliche Hülle des Menschen löst. Mit diesem Modell ist zudem aber auch die Verhaftung des menschlichen Geistes mit der Dingwelt, so etwa mit „Eigentum" egal welcher Art, erfassbar. Der Schmerz, den ich erfahre, wenn einer geliebten Person Schlechtes widerfährt, ist in diesem Sinne ebenso real wie der Schmerz, den ich verspüre, wenn ich mir z. B. in den Daumen schneide.

Das kybernetische Herangehen an das menschliches Erkennen erweist sich damit als ein effizientes Verfahren, indem es gelingt, neue und sinnvolle Beschreibungsgrößen zu entwickeln, deren Potenzial bis heute noch weitgehend unausgeschöpft geblieben ist. Bateson ist mit seiner Definition von *Geist* allerdings noch nicht am Ende, doch im weiteren Verlauf seiner Argumentation verringert sich die begriffliche Fassbarkeit.

Ich möchte an dieser Stelle auf drei mir wesentlich erscheinende Punkte zu Batesons Geisttheorie hinweisen. Zunächst beinhaltet Batesons Geist – wie aus dem oben Ausgeführten klar sein sollte – *keinerlei* esoterische oder spirituelle Anteile. Leider scheinen Batesons diesbezügliche Ausführungen immer wieder in einer Art Umkehrschluss in ebendieser Weise missverstanden worden zu sein: Wenn Bateson davon spricht, *auch* religiöse Phänomene in gewissen Sinne erklären und beschreiben zu können, dann heißt dies nicht, dass er irgendwelche religiösen Weltanschauungen propagiert. Sondern es bedeutet ganz im Gegenteil, dass er die Reichweite einer hochformalen Beschreibungsweise demonstriert und den Nachweis führt, dass mithilfe kybernetischer Einsichten eine deutliche Erweiterung der wissenschaftlichen Analyse erfolgen kann. Allerdings geht dieser Gewinn auch mit einem Verzicht auf einen allseits immer wieder gerne betriebenen primitiv-populären Reduktionismus einher (eine Wirkursache für alles).

Als Zweites sei auf die erkenntnistheoretische Tragweite von Batesons Entwurf verwiesen. Sein Geistbegriff stellt in seiner oben geschilderten Form tatsächlich die einfachste Weise einer möglichen Grenzziehung zwischen Geist und Materie dar. Geistige Phänomene beginnen mit dem Entstehen einfachster Formen der Signal- bzw.

der Informationsverarbeitung. Und ebendiese sind zwar dahin gehend weiterhin materielle Phänomene, insofern sie sowohl ein materielles Substrat als auch Energie benötigen, sind jedoch zugleich bereits geistige Phänomene, da die Energie nicht benötigt wird, um irgendetwas anzustoßen oder zu bewegen, sondern um *Nachrichten von Unterschieden*, sprich: Information, zu übermitteln. Was hierbei allerdings noch zu leisten wäre – von Bateson selbst leider jedoch nicht unternommen wurde –, das ist eine Hierarchisierung geistiger Phänomene: von so einfachen wie bloßen Rückkoppelungskreisläufen bis hin zu so komplexen wie dem menschlichen Bewusstsein.

Drittens sei schließlich noch darauf hingewiesen, dass die genannten sechs Kriterien des Geistes nichts anderes sind als eine *Hilfe*, um wesentliche Unterschiede zwischen geistiger und nichtgeistiger Welt zu erfassen. Bateson weist ausdrücklich darauf hin, dass es nicht um den besonderen Inhalt dieser Liste geht, sondern um die *Gültigkeit der Idee* an sich (1979a, S. 113).

7.3 Bewusstsein als systematische Auswahl

> „Bewußtsein, ich weiß nicht. Ich bin sehr vorsichtig gewesen, so wenig wie möglich über Bewußtsein auszusagen. Das Problem mit Bewußtsein besteht in der Natur der Sache, worauf es fokussiert. Da gibt es etwas, das ‚Schirm des Bewußtseins' genannt wird, und das ist für mich eine beinahe mechanistische Analogie. Wir erhalten die Produkte unserer geistigen Tätigkeit, die Vorstellungen *(images)*, aber die Erzeugung dieser Vorstellungen ist jenseits von uns" (1980b, S. 299).

Bewusstsein ist ein Phänomen, dem sich Bateson nur mit Vorsicht nähert, wenn er es nicht gleich ganz zu umgehen versucht. Andererseits aber beruht ein großer Teil seiner Analysen auf einer spezifischen Sicht dieses Phänomens. Er versteht das menschliche Denken über die Abfolge von Kreislaufprozessen, kybernetisch.

Das Bewusstsein ist für ihn eine *systematische* (also eine nicht zufällige) Auswahl aus dem gesamten *Geist* (1968b*, S. 556). Über die Art und Weise der von ihm benannten Auswahl bleibt er sich jedoch weitgehend im Unklaren. Allerdings ist diese Erkenntnis trotzdem nicht folgenlos: Da sich die *Gesamtheit* des Geistes nicht innerhalb eines *Teiles* abbilden lässt (S. 556), folgt, dass ein systematischer Unterschied bestehen muss zwischen den „bewussten Ansichten vom Selbst und von der Welt und der wahren Natur des Selbst und der Welt" (1972i*, S. 571). Diese Aussage problematisiert in anderer Weise wiederum Probleme der Kodierung und der Wahrnehmung. Wenn nicht einmal die Bedingungen für den Auswahlprozess für das Bewusstsein angegeben werden können, also wir weder von uns noch von der Welt noch von der Art der Prozesse, welche die Datenauswahl beeinflussen, sicher Auskunft geben können, wird jede Handlung zu einem Schritt auf einem vereisten See.[22]

Zumindest die Komplexität dessen, wofür Bateson den Begriff des Bewusstseins verwenden würde, machte er innerhalb eines Gesprächs deutlich. Dort zeigt er drei im Allgemeinen voneinander geschiedene Fragebereiche auf: *Evolutionstheorie, Körper-Geist-Probleme* und *Erkenntnistheorie. Bewusstsein* bezeichnet er hier als die „Aufmerksamkeit dieser drei Dinge und ihrer Beziehungen" (1977a, S. 175). Vielleicht ist dies der Versuch einer Antwort auf die Problematik der Auswahl und der Unbewusstheit des Auswahlprozesses. Indem ein Höchstmaß von einem zugleich zu Denkenden gefordert wird, wird zumindest der Schwerpunkt von persönlichen Zwecksetzungen verlagert auf den Einbezug des größeren Ganzen, der Umwelt. Batesons Denken lässt sich als Versuch interpretieren, diese drei Bereiche tatsächlich gemeinsam zu denken.

Für *Bewusstsein* gilt in gewissem Maße ähnliches wie für *Geist*. Nicht nur Menschen verfügen über Bewusstsein, sondern zumindest auch höher entwickelte Säugetiere (1968b*, S. 559). Als mentaler Prozess steht das Bewusstsein natürlich jedoch auf einer weit höheren Stufe als die oben geschilderten einfachen geistigen Prozesse.

22 Diese Sicht des Bewusstseins bei Bateson entspricht einer allgemeinen Scheu vor Eingriff und Handlung. So verstand er sich während des Double-bind-Projekts „weder als Kliniker noch als Therapeut, sondern als Beobachter" (Lipset 1980, S. 219) und trank denn auch lieber Kaffee mit den Patienten oder spielte mit ihnen Golf, „therapierte" zwar damit nicht, schien aber stets für die Patienten verfügbar gewesen zu sein (S. 215).

7.4 Die Idee der Macht

Nachdem Bateson bereits in den Dreißigerjahren mit dem Konzept der *Schismogenese* problematische Beziehungsmuster auf physischer Ebene beschrieben und dann in den Fünfzigerjahren mit der *Double-bind-Theorie* Ähnliches auf psychischer Ebene geleistet hatte, vollzieht er mit der Problematisierung menschlicher Erkenntnisweise einen neuerlichen Schwenk: Die *Art und Weise*, in der wir zu Erkenntnis gelangen, kann nicht fraglos hingenommen werden, da sich in ihr – wie bereits hinsichtlich des Bewusstseins ausgeführt – Gefahren ganz eigener Art verbergen. Die menschliche Art und Weise, Dinge wahrzunehmen, d. h. zu „erkennen" bzw. zu „konstruieren", bildet den Ausgangspunkt für viel Leid.

Doch zunächst zum Begriff der Erkenntnistheorie selbst: Bateson verwendet den philosophischen Begriff der *Erkenntnistheorie (Epistemologie)* in zweifacher Weise. Einmal steht der Begriff für die *persönlichen Gewohnheiten*, Erkenntnis zu erlangen, und zum Zweiten für das *philosophische*, wissenschaftliche Bestreben (1987, S. 37). Dabei verlagert Bateson die philosophische Fragestellung, wie Erkenntnis *möglich* ist, darauf, wie sie *geschieht* (ebd.), und äußert leisen Verdacht am Vorhandensein *ewiger Wahrheiten* und der Möglichkeit, überhaupt in einem philosophischen Sinne Epistemologie zu untersuchen:

> „Gibt es also einen solchen Forschungsgegenstand wie die Epistemologie …? Oder kann man überhaupt nur von lokalen oder gar persönlichen Epistemologien sprechen, von denen jede so gut ist und so sehr *recht* hat wie jede andere?" (1987, S. 40).

So relativistisch, wie er sich hier präsentiert, ist er jedoch letztlich nicht. Sein Bestreben nach einer veränderten Erkenntnisweise würde schließlich sonst kaum Sinn ergeben. Was Bateson damit bezweckt, ist wohl, den Weg freizuräumen für einen anderen Entwurf. Dieser charakterisiert sich durch die Einordnung des Menschen als ein Teil eines größeren Ganzen, welches er weder vollständig durchdringen noch kontrollieren kann. Dahinter steht einerseits die Erkenntnis von Mängeln unseres Erkenntnisapparates, andererseits die Erkenntnis der Undurchdringlichkeit der Abhängigkeiten von unserer natürlichen Umwelt sowie schließlich eine Rekursivität: Ein Teil kann ein Ganzes deshalb nicht in sich fassen, weil diese Abbildung zu ebendem Ganzen wieder hinzukäme (vgl. Bateson 1968b*, S. 556). Diese Beziehung des Menschen zur Umwelt wird von ihm in verschiedener Hinsicht problematisiert. Dazu werden im Folgenden seine Ablehnung des zweckhaften Denkens, die Frage der Flexibilität sowie die Idee der Macht diskutiert.

Zwecke

Bateson geht davon aus, dass ein Teil niemals die Gesamtheit des *Geistes* erkennen kann. Und der Mensch ist nicht mehr als ein Teil der Gesellschaft, der Gesamtheit des Ökosystems bzw. der gesamten belebten Welt. Besondere Beachtung erfährt hierbei der Begriff des Zwecks: Bateson beschreibt menschliche Wahrnehmung als primär *zweckgeleitet*. Zwecksetzung als bewusster Akt des Menschen führt in Form von Wissenschaft zum Erwerb von mehr oder minder wertvollen *Tricks*. Dem gegenüber stellt Bateson *Weisheit* als das „Wissen um das größere Interaktionssystem" (S. 558).

Zwecksetzung erweist sich dadurch als problematisch, als sie eine prinzipielle Missachtung gegenüber der systemischen Natur des Menschen wie der Welt darstellt. Entsprechend seiner Definition konstituiert sich bei Bateson *Geist* über Schleifenstrukturen: zirkuläre Prozesse, aus denen durch zweckhaftes Denken bloße Bruchstücke, Sequenzen herausgezogen werden.

Zum Vollzug einer zweckhaften Handlung ließe sich somit sagen, dass dabei bloße Bruchstücke für das Ganze genommen werden. Damit, so könnte man Batesons Argumentation hinzufügen, vollzieht sich ein Fehler in der *logischen Typisierung* bzw. – im althergebrachten Wissenschaftsverständnis – eine unzulässige *Induktion.* Bateson lehnt also ein derart zweckbesessenes Denken ab.

Für mögliche Auswege aus einem zweckverhafteten Denken bietet er verschiedene Ansätze im Rahmen seiner Aufsatzsammlung *Ökologie des Geistes*, insbesondere in den Aufsätzen *Bewusste Zwecksetzung versus Natur, Auswirkungen bewusster Zwecksetzung auf die menschliche Anpassung* und in dem wohl bekanntesten dieser Texte, *Form, Substanz und Differenz*. Man sollte sich hierbei allerdings vor Augen halten, dass ein Teil der Lösung dieser Fragen darin besteht, dass es keine einfachen Rezepte gibt. Angemerkt sei an dieser Stelle, dass zumindest die Einsicht in eine systemisch zu interpretierende Natur sehr wohl bereits zu einer Erweiterung des zweckhaften Denkens führen kann, durch die etliches der vormaligen, allzu strengen Fixierung aufgelöst wird.

Flexibilität

Das *Überleben* ist in der Kybernetik eine konstant zu haltende „komplexe Variable“ (Bateson 1968b*, S. 552). Das Überleben von Organismen hängt von verschiedenen Variablen ab, die innerhalb von bestimmten Grenzen zu halten sind. So gibt es für Menschen einen unteren und einen oberen erträglichen Wert des Luftdrucks.

Nähert sich ein System den Grenzen einer dieser Variablen, so geschieht zweierlei. Zum einen verliert es Flexibilität hinsichtlich dieser Variable und kann daher auf weitere Belastungen nicht mehr adäquat reagieren. Zum anderen breitet sich dieser Verlust auf andere, damit verbundene Variablen aus, zieht also das Gesamtsystem in Mitleidenschaft (1972h*, S. 637). Der Verlust von Flexibilität erweist sich damit für den Gesamtprozess als potenziell tödlich (1987, S. 133).

Für Bateson spielt dieser Gedanke der Flexibilität dahin gehend eine Rolle, als er eine Systemveränderung im Blick hat und die Schaffung, Bewahrung und Stärkung von Flexibilität eine notwendige Voraussetzung für diesen Wandel darstellt. Er sieht menschliche Kulturen als von einem Netzwerk von Ideen geleitet an, diagnostiziert einige dieser Ideen als falsch und sucht daher Raum zu schaffen für die Entwicklung wie auch Durchsetzung anderer Ideen (vgl. 1972h*, S. 640 f.).

Die Idee der Macht

Man kann eigentlich immer dann, wenn man seine Ziele nicht erreicht, jemanden anderes dafür verantwortlich machen – im Zweifelsfall letztlich das „System“ als Ganzes. Diese Strategien der Zuweisung von Verantwortlichkeit sind für Bateson ein Resultat eben jenes Irrtums, der auf der Idee der Macht basiert. Bateson glaubt hierbei nicht, dass es so einfach wäre zu sagen, dass *Macht korrumpiere.* Sie tut es nicht, denn es ist die *Vorstellung*, die *Idee* der Macht selbst, welche korrumpiert (1972f*, S. 624). Diese Idee bezeichnet er zugleich als einen sehr mächtigen und sich selbst bestätigenden *Mythos* und warnt vor einer daraus folgenden *mythischen Abstraktion:* „Wer eine mythische Abstraktion begehrt, muss immer unersättlich sein!“ (1979a, S. 272).

Ein derartiger „erkenntnistheoretischer Schwachsinn" (1972f*, S. 625) wie die Idee der Macht führt mit Notwendigkeit zu verschiedenen Arten von Katastrophen. Als die gefährlichsten Ideen, die unsere Zivilisation beherrschen, führt er deren sieben an:

(a) Es geht um uns *gegen* die Umwelt.
(b) Es geht um uns *gegen* andere Menschen.
(c) Es kommt auf das Individuum (oder die individuelle Gesellschaft oder die individuelle Nation) an.
(d) Wir *können* eine einseitige Kontrolle über die Umgebung ausüben und müssen nach dieser Kontrolle streben.
(e) Wir leben innerhalb einer unendlich expandierenden „Grenze".
(f) Der ökonomische Determinismus ist *Common Sense*.
(g) Die Technologie wird es für uns schon machen (1972h*, S. 631).

Die Falschheit sowie die Virulenz dieser Ideen sieht Bateson als erwiesen an. Die Leitidee seiner Gedanken bringt er in einem warnenden Satz zum Ausdruck:

> „Das Geschöpf, das gegen seine Umgebung siegt, zerstört sich selbst" (S. 632).

In seinem Gegenentwurf versichert er die *Veränderbarkeit* des menschlichen Wegs. Als mögliche Korrektive benennt er verschiedene: an erster Stelle die Liebe (mit Verweis auf Martin Buber), dann die Künste, die Dichtung, die Musik und die Geisteswissenschaften und schließlich potenziell auch die Berührung zwischen Mensch und Tier sowie die Religion (1972i*, S. 574). Diese Korrektive beziehen sich alle auf die bereits genannte Trias der fundamentalen Bedrohungen der Menschheit in Gestalt des technologischen Fortschritts, des Bevölkerungswachstums sowie von Irrtümern im Denken (1972h*, S. 629), indem sie ebenjene Irrtümer näher zu begreifen suchen, um infolgedessen Lösungswege erarbeiten zu können.

In seiner scharfen Kritik gegen das rein zweckorientierte Denken und die Idee der Macht zeigt sich sehr klar, dass Bateson ein andersgeartetes Menschsein im Sinn hat. Nicht nur, dass aufgrund der Analyse geistiger Systeme die individuellen körperlichen Grenzen ins

Schwimmen geraten, auch das Denken fällt diesem Systembegriff zum Opfer. Der sich durch quantitative Prozesse auszeichnende *„Homo oeconomicus“* (1987, S. 249) soll seine Prämissen in Richtung auf die Bevorzugung *qualitativer* Unterscheidungsmechanismen sowie einer stärker ästhetisch orientierten Sichtweise verändern. Über die Ästhetik lässt sich vielleicht noch am ehesten ein Mensch vorstellen, der frei von derart zweckhaftem Denken ist.

7.5 Modus Gras

In einer Rezension zu Batesons Spätwerk *Geist und Natur* wirft ihm Nick Humphrey einen schwerwiegenden logischen Fehler innerhalb der Argumentation vor. Dieser Fehler beruhe auf der *Affirmation des Konsequens* (Humphrey 1979) und bestehe darin, dass man zwei Sachverhalte miteinander identifiziere, welchen bloß dieselben Prädikate zugeordnet werden. Humphrey verwehrt sich damit gegen Batesons Argumentation, dass – da der geistige Prozess und die Evolution gewisse identische Eigenschaften aufweisen – damit Evolution als geistiger Prozess anzusehen sei.

Bateson entgegnet hierauf seine entschiedene *Zustimmung* (1980a). Tatsächlich entspreche dies seinem Denken. Doch bedeutet dies nicht, dass er aufgrund derartiger Fehler klein beigibt. Umgekehrt: Er dreht den Spieß um. Dabei greift er ein zweites Mal zurück auf die Gegenüberstellung zweier Syllogismen. An erster Stelle steht der klassische Schlusssatz des *Modus Barbara* (siehe S. 64). Dieses „kleine Monster“, so Bateson (1987, S. 45), setze jedoch bereits die *Identifikation* von Klassen voraus, um damit Subjekt und Prädikat zu differenzieren. Notwendige Voraussetzung hierfür wiederum ist aber der Erwerb von Sprache. Damit, so Bateson, konnte es allerdings bis zu deren Auftreten keinerlei derartige Syllogismen geben (1987, S. 50). Diesem *Modus Barbara* stellt er sodann – seine Double-bind-Metaphorik aufgreifend – den scherzhaft als *Modus Gras* bezeichneten Syllogismus gegenüber:

„Gras stirbt.
Menschen sterben.
Menschen sind Gras“ (Bateson 1980a, S. 2; 1987, S. 45).

Dieser Syllogismus, Beispiel für die in der Logik verbotene *Affirmation des Konsequens,* ist Bateson zufolge „der Stoff, aus dem die Naturgeschichte besteht" (1987, S. 46). Diesen auf den ersten Blick erstaunlichen Gedanken veranschaulicht er unter Verweis auf die Regelmäßigkeiten der belebten Welt. Das Verhalten der Tiere, die Wiederholung anatomischer Merkmale und die gesamte biologische Evolution entsprechen Bateson zufolge dem in diesem Syllogismus ausgedrückten Muster.

Man mag dazu stehen, wie man will, doch ohne Zweifel wird in der Biologie Verwandtschaft exakt anhand dieses Musters erkannt. Die im obigen Beispiel vollzogenen Identifikation von Menschen und Gras deutet auf eine prinzipielle Verwandtschaft als Lebewesen hin. Bei „Menschen gehen" wäre dieser Schluss schon nicht mehr möglich: Letztlich ließe sich der Grad der Verwandtschaft in der biologischen Welt anhand des Deckungsgrades derartiger in *Modus Gras* ausgedrückten Verbindungen definieren. Des Weiteren entspricht eben dieser Syllogismus auch einer notwendigen und alltäglichen Weise zu denken, in der aufgrund der Ähnlichkeit von Objekten auf tiefere Gemeinsamkeiten geschlossen wird. Dies ist laut klassischer Logik zwar nicht korrekt, jedoch eine unumgängliche Voraussetzung für die Entwicklung von Denken und Handeln überhaupt.

Bateson gebraucht in diesem Zusammenhang auch den auf C. S. Peirce zurückgehenden Begriff der *Abduktion,* um damit zu verdeutlichen, dass die Möglichkeit des Auszugs von Gemeinsamkeiten aus Phänomenen verschiedener Felder besteht. *Modus Gras*, der Syllogismus, welcher für die Metaphorik des Denkens steht und nun gleicherweise das Denken der Schizophrenen wie den Prozess der Naturgeschichte charakterisiert, wirft vielleicht damit auch ein neues Licht auf das Verständnis der Schizophrenie:

> „Es wird deutlich, daß Metaphorik nicht bloß nette Poesie ist, sie ist nicht entweder gute oder schlechte Logik, sondern sie ist in der Tat die Logik, auf der die biologische Welt gebaut ist, das Hauptcharakteristikum und der organisierende Leim dieser Welt geistiger Prozesse, die ich Ihnen zu skizzieren versucht habe" (1987, S. 50).

7.6 Das Muster, das verbindet

Eine geschlossene, systematische Darstellung seiner Erkenntnistheorie wird man bei Bateson vermissen. Selbst in *Geist und Natur* beschreibt er nur ein mehr oder minder lockeres Gerüst von Ideen. Aus diesem Grund wurde auch hier darauf verzichtet, ein stärkeres Gefüge zu rekonstruieren, als es tatsächlich von Bateson selbst geliefert wurde. Man mag die aufgelisteten Facetten dieser Erkenntnistheorie als unzureichend erachten, wird trotzdem jedoch nicht abstreiten können, dass hier Positionen erarbeitet wurden, welche nützliche Fingerzeige hinsichtlich unserer Art zu denken geben, und dies in der zweifachen Weise einer Analyse von Pathologien (Schismogenese, Double-bind, zweckorientiertes Bewusstsein) sowie eines Gegenentwurfs.

Jeder Denker steht in mehr oder minder hohem Austausch mit anderen. Im Falle Batesons zeigt sich seine Erkenntnistheorie als stark von Immanuel Kant beeinflusst, bezüglich der Prozesshaftigkeit und der Gesamtsicht des Denkens orientiert er sich an Friedrich Hegel (wenn auch häufig vermittelt über den englischen Philosophen Robin George Collingwood), die Sprachphilosophie orientiert sich an Ludwig Wittgenstein und die Sicht der Ideen an Platons Ideenlehre. Die Rolle des Hauptgegners wird von René Descartes eingenommen. Wertvolle Einsichten sind ihm insbesondere auch durch die Kybernetiker zuteil geworden, zu nennen wären hier insbesondere Norbert Wiener, Claude Shannon, John von Neumann und Warren McCulloch. Nicht zu vergessen wären aber auch die Philosophie von Alfred North Whitehead sowie die Typenlehre Bertrand Russells.

Auf dieser Grundlage fügen sich kommunikationstheoretische und erkenntnistheoretische Entwürfe zu einem Ganzen, in dem der Mensch in einer veränderten Rolle seinen Platz erhält, als Erkennender und darin zugleich als abhängig von einem größeren Ganzen. Hinter Batesons Analysen steht die Annahme eines komplexen „Muster(s), das verbindet" (1979a, S. 15), und damit die Annahme von Strukturgleichheiten, die nicht nur verschiedene wissenschaftliche Disziplinen, sondern auch menschliches Denken auf ein größeres Ganzes zu beziehen ermöglichen.

Die Dialektik seines Denkens, die sich in Vereinung und Gegenüberstellung von Gegensätzen wie auch in der Hierarchie der Typenlehre widerspiegelt, mündet in *Holismus.* So erweist sich seine Definition von Geist zugleich als Konstruktionsanleitung für einen größtmöglichen Geist – die Gesamtheit der belebten irdischen Welt, soweit sie jedenfalls in irgendeiner Art und Weise kommunikatorisch miteinander verbunden ist. Dieses Verständnis bleibt ein materialistisches: Übersinnliche Einflussgrößen werden ausgeschlossen. Sein Verdienst besteht hier darin, einen wissenschaftlich handhabbaren Entwurf einer über Kommunikationsprozesse verbundenen Welt geleistet zu haben. Leider wurde dieser Entwurf jedoch bis heute nur wenig bzw. sehr selektiv und dadurch verfälschend rezipiert.

8 Religion

Entwicklungsgeschichtlich wird gewöhnlich angenommen, dass sich Religion aus magischen und animistischen Praktiken entwickelt habe. Dem folgt Bateson nur teilweise. Bezüglich Religion und Magie kehrt er das Verhältnis um. Aus verschiedenen Veröffentlichungen lässt sich folgendes Bild rekonstruieren: *Totemismus*, als Identifikation des Menschen mit der natürlichen Umwelt (1972f*, S. 622), ist als „rituelle Bekundung der Einheit" (1987, S. 84) bereits von religiösem Charakter. Die übliche entwicklungsgeschichtliche Sicht der Abfolge von Totemismus und Religion vollzieht Bateson somit noch nach. Anders verhält es sich jedoch mit dem Verhältnis von Animismus und Magie. Der Animismus, entsprungen aus dem Totemismus als Umkehr des totemistischen Verhältnisses, bedeutet, „die Anhaltspunkte aus sich selbst zu nehmen und sie auf die natürliche Umwelt anzuwenden" (1972f*, S. 622). Hier hebt bereits jener „grundlegende Irrtum" an, den Geist von der Struktur abzulösen. In ähnlicher Weise konstruiert Bateson nun *Magie* als ein „Produkt der Dekadenz der Religion" (1987, S. 84). Indem sich anstelle einer Bekundung von Einheit eine *Appetenzhaltung* ergibt und ein *Zweck* „und ganz besonders irgendein extravertierter Zweck" (ebd.) gesetzt wird, vollzieht sich die Verfallsform der Magie. Damit ergibt sich eine Abfolge vom Totemismus zur Religion und von beiden jeweils zu Animismus und Magie als Verfallsformen.

Was aber charakterisiert die *Religion*? Als Bekundung einer *Einheit* des Menschen mit der Umwelt (S. 84) geht sie für ihn gewiss nicht mit Offenbarungen und Sühnegerichten einher. Religion bedeutet für Bateson die Anerkennung der „Wirklichkeit sehr großer geistiger Systeme ..., Systeme von ökologischer Größe und größer, innerhalb deren die Geistigkeit des einzelnen Menschen ein Subsystem darstellt" (S. 193). Gemeinhin als religiös angesehene Praktiken wie Heiligenverehrung, Rosenkränze und Fürbittegebete erweisen sich hiermit eindeutig als von magischer Natur.

> „Religion besteht nicht in der Ausgabe kleiner Wunderhäppchen, was jeder religiöse Führer zu vermeiden sucht, aber worauf seine Anhänger immer drängen, sondern in der Anerkennung gewaltiger Organisationsaggregate mit immanenten geistigen Eigenschaften" (1987, S. 202).

Diese Organisationsaggregate, gekennzeichnet durch „kommunikatorische Regelmäßigkeiten in der Biosphäre", lassen sich auch als Einheit interpretieren, „vielleicht als die Eigenheiten des Gottes, den wir Öko nennen könnten" (S. 203). Was Bateson damit aussagen will, ist allerdings nicht, dass es einen Gott im klassischen Verständnis „gibt", sondern eben dass derart komplexe Systeme bestehen, dass wir niemals imstande sein werden, sie intellektuell zu durchdringen. Wir *könnten* diese daher genauso gut auch „Gott" nennen – nur mit dem Unterschied, dass dieser Art Gott keinerlei persönliche Attribute zukommen, anders als dem biblischen. In dieser Sichtweise Batesons zeigt sich, wie er mithilfe seiner kybernetischen Erkenntnistheorie ein mögliches Fundament für Aussagen, Gedanken und Positionen erwirbt, die für gewöhnlich von der Wissenschaft außen vor gelassen werden.

8.1 *Wo Engel zögern ...*

Batesons Ausführungen zur Religion entstammen überwiegend *Angels Fear.* An diesem Buch schrieb er zwar noch im Alter von 74 Jahren – unter einem zeitweise wuchernden Krebsgeschwür –, konnte es jedoch nicht mehr vollenden. Seine Tochter Mary Catherine Bateson, die ihm schon früher beiseite gestanden war, unterstützte ihn in der Niederschrift dieser Gedanken und veröffentlichte schließlich einige Jahre später eine Zusammenstellung des noch zu Papier gebrachten Materials. *Angels Fear* kann man als eine Art Vermächtnis oder als Testament Batesons bezeichnen. Es ist der Versuch, die früh schon aufgeworfenen Fragestellungen und Problemkonstellationen mit letzter Konsequenz zu verdichten, was tatsächlich Aussagen auf einem Gebiet zur Folge hatte, auf dem wenn nicht Engel, so doch wenigstens Wissenschaftler gewöhnlich zögern.

Man mag zu derartigen Versuchen stehen, wie man will, anerkennen wird man jedenfalls müssen, dass das Leben eines jeden Menschen in einem Zusammenhang mit privaten Glaubensvorstellungen steht. Der eine hat Glaubensvorstellungen im traditionell christlichen Sinn, der andere innerhalb irgendwelcher esoterischer Gebilde, der dritte huldigt dem Materialismus, welcher von Bateson ebenfalls als Glaubensposition verstanden wird. Die Frage ist daher nicht die, wie man sich aus Glaubenssystemen lösen kann: Wenn Glauben ein universelles Phänomen darstellt, dann wird es von größerem Interesse sein zu erforschen, wie sich Glaubenssysteme auf die Mitwelt auswirken. Bateson versucht, eine mögliche Art des Glaubens zu erdenken, mit der eine Abkehr von den apokalyptischen Tendenzen der westlichen Ideenwelt vollzogen werden könnte. Sein Entwurf versucht dies zu erreichen, ohne den Gesamtkomplex übernatürlicher Erklärungsmuster mit einzuschließen: „Das Elend ist, dass durch den Glauben an ein angebliches Wunder der Glaubende sich letztlich immer *jedem* Glauben überlassen muss" (1987, S. 80).

Mary Catherine Bateson führt dazu aus, dass der aus einer „dogmatisch atheistischen Familie" entstammende Gregory Bateson sowohl Notwendigkeit wie auch Gefahren derartiger Versuche, „das Potential zu Manipulation, Obskurantismus und Spaltung in der Religion" (in Bateson 1987, S. 12) sah. Somit bedeutet der Titel *Angels Fear* zugleich auch „Batesons Fear" und damit eine als notwendig angesehene Aufgabe. Das Problem, einerseits ein Glaubenssystem zu *konstruieren,* andererseits darin Sinnhaftigkeit finden zu können, scheint er sehr wohl gesehen zu haben. Er sah, so Tochter Mary Catherine, die einzige Chance darin, die Einheit der Natur durch *Metaphern* zu begreifen (S. 12), ein Verfahren, das er auch vielfach in Gesprächen praktizierte.

8.2 Pathogenes Bewusstsein

Mit der Diskussion von Glaubensfragen rückt bei Bateson der Status des Bewusstseins ins Interesse: Handlungen sind nicht dieselben, wenn sie *mit* oder *ohne* Bewusstheit vollzogen werden. Damit nimmt er eine letzte Zuspitzung vor – das Ende einer Kette, die mit *Schismogenese, Double-bind-Theorie* und der *Idee der Macht* recht unterschiedliche Bereiche pathogener Interaktionsmuster problematisierte.

In der Biologie, so Bateson, zeigt sich grundsätzlich, dass niemals „mehr von einer der Sache besser ist als weniger davon" (1979a, S. 72). Es gibt optimale Werte. Zu viel von etwas ist *toxisch.* Als Beispiele nennt er *Nahrungsmittel, Lebensbedingungen, Unterhaltung* und *Sex.* Diese Diagnose eines *Zuviels* überträgt er auf kommunikative Prozesse und auf das Bewusstsein. Dabei argumentiert er überwiegend mithilfe von Beispielen. Er erzählt Geschichten, um über diese zu veranschaulichen, dass „etwas unter bestimmten Bedingungen *nicht kommuniziert* werden soll" (1987, S. 117), und zwar weil „Kommunikation die Natur der Ideen irgendwie verändern würde": „Sagen wir also für den Moment einfach, dass es viele Fragen und viele Umstände gibt, in denen *Bewusstsein* nicht erwünscht und Schweigen Gold ist" (S. 119).

Eine ausführlichere Diskussion von Bedingungen und Art der Veränderung jener Natur der Ideen wird man allerdings vermissen. Bateson beschränkt sich auf seine Beispiele und deren Erläuterungen. Eine systematische Darstellung von Kriterien hatte er zwar noch unternommen, konnte dies jedoch nicht mehr zu Ende führen (s. Lutterer 2000, S. 257). Mit dem Aufsuchen von Grenzbereichen des Bewusstseins und der Kommunikation verringert sich notwendig auch die Brauchbarkeit von Sprache. Ist man aber auf Texte als Medium angewiesen, offenbaren Metaphern und Geschichten eine Möglichkeit, über den rein textlichen Ausdruck hinauszugehen.

Wenigstens eine der Geschichten, die Bateson erzählt, sei hier kurz dargestellt: Er erzählt von einer Gruppe von Indianern, die für ihre religiösen Rituale Peyote, eine psychedelische Droge, benutzten und deshalb Angriffen von Leuten ausgesetzt waren, die ihnen den Status der Religionsfreiheit verwehren wollten. Ein Anthropologe kam nun auf die Idee, ihre Rituale zu filmen, um damit die Öffentlichkeit davon zu überzeugen, dass es tatsächlich um religiöse Rituale ging. Die Indianer aber lehnten ab: Es war undenkbar für sie, den persönlichen Akt des Betens vor der Kamera zu vollziehen, zu demonstrieren (Bateson 1987, S. 106 f.). Damit ist diese Geschichte allerdings noch nicht am Ende. Bateson hat sie auf dem jährlichen Gebetsfrühstück des Gouverneurs von Kalifornien erzählt. Wie immer war dort auch zahlreiche Presse anwesend. Der Zeremonienmeister, der den Text von Batesons Ansprache bereits zuvor ausbedungen hatte, verbot während dieser Veranstaltung erstmals und überraschend das Fotografieren: Dies sei ein religiöser und kein weltlicher Anlass …

Bateson appelliert über derartige Beispiele an den Leser, sich die Auswirkungen von Mechanismen zu vergegenwärtigen, die, bewusst eingesetzt, zu Schaden führen. Paradoxerweise aber bewirkt er zugleich damit eine Zunahme der Kenntnis derartiger Mechanismen und damit die Möglichkeit manipulativen Einsatzes. War er sich dessen bewusst? Wieder einmal macht sich hier eine fatale Dialektik der Aufklärung bemerkbar.

Batesons grundlegende Absicht gilt der Erforschung der Frage, ob es „einen geistig gesunden Platz für die Religion gibt", und dies zwischen zwei „Schreckgespenstern des Unsinns", der „Szylla des herrschenden Materialismus mit seinem quantitativen Denken … und seinen ‚kontrollierten' Experimenten auf der einen Seite und der Charybdis des romantischen Supranaturalismus auf der anderen" (S. 95). Er markiert diesen Weg als ein Bestreben gegen *Wirrköpfigkeit* und *Scheinheiligkeit*. Ziel ist eine „Affirmation des Heiligen …, die die natürliche Einheit zu Ehren bringen würde" (S. 96). *Heilig* bedeutet dabei die Anerkennung von Bereichen, in denen Kommunikation nicht stattfinden sollte oder Bewusstsein fehl am Platze ist.

8.3 Bateson als Hohepriester?

Es gibt verschiedene Stimmen, die Bateson einmal als „Hohepriester" (Morgan 1976, S. 33), ein andermal als „intellektuelle(n) Taufpate(n) des Wassermannzeitalters" (Kirschenbaum u. Henderson 1989, S. 177) oder auch als „Kirchenvater des New Age" (Eßbach 1990) bezeichnen. Des Weiteren lebte er in den Siebzigerjahren auch längere Zeit in Esalen, einem Zentrum der damaligen esoterisch orientierten Gegenkultur. Hat sich hier ein Wissenschaftler gegen Ende seines Lebens von seinem Fach abgewendet, um sich stattdessen mystische Welterfahrung zu Eigen zu machen? Nein.

Das Leben innerhalb der Gegenkultur hatte ein doppeltes Motiv. Einerseits hatte er im Alter von über 70 Jahren keinerlei gesichertes Einkommen und daher leider auch Geldprobleme (so Tochter Mary

Catherine), andererseits trug er zwar nicht die esoterische Wirklichkeitspraxis mit, fand es aber ungleich angenehmer, „mit diesem Unglauben zu leben als mit der entmenschlichenden Abscheu und dem Schrecken, den mir konventionelle abendländische Denkfiguren und Lebensweisen einflößen" (Bateson 1987, S. 78). Mit anderen Worten: Seine im Rahmen dieser Arbeit zumindest ansatzweise wiedergegebene Kritik am orthodoxen Wissenschaftsverständnis hat ihn aus dem akademischen Wissenschaftsbetrieb hinausgetrieben. Die innere Distanz, die sich für ihn durch seine Kritik aufbaute, wurde allem Anschein nach auch mit einer Distanzierung durch andere beantwortet. Geht man heute zur Universität von Kalifornien in Santa Cruz, wo er praktisch die gesamten Siebzigerjahre hindurch lehrte, wird man bis auf das Bateson-Archiv in den *Special Collections* der *McHenry Library* keinerlei akademische Spuren von ihm auffinden können.

Ähnliches ist zumindest hinsichtlich seines Spätwerkes sowie seines eigentlichen Anliegens, der Diagnose vielfältiger Pathologien menschlichen Denkens, geschehen. Eine entmenschlichte *Systemtheorie* à la Luhmann ist heute in aller Munde anstelle eines reflektierten *systemischen* Ansatzes. Batesons Interesse war es bestimmt nicht, etwa „Lebenswelt" durch Wissenschaft ersetzen, wie ihm dies beispielsweise Richard Grathoff (1989, S. 328) vorwarf. Batesons Wissenschaftsmodell wäre gewiss umgekehrt vielmehr eher eine Bereicherung für Grathoffs „Lebenswelt", da mithilfe seines kybernetisch orientierten Modells Phänomene unterschiedlichster Weise einem besseren Verständnis zugänglich werden.

Wie weit aber wird man diesen Erwägungen Batesons folgen wollen, wenn er unserem Bewusstsein selbst eine strukturell angelegte Neigung zu pathologischen Denkmustern attestiert? Zumindest eines sollte gewiss sein: Eine batesonsche Religiosität im Sinne einer Achtung gegenüber einem irgendwie gearteten größeren Ganzen verspräche zumindest bezüglich des menschlichen Überlebens höhere Chancen als das Credo des Kapitalismus, als die Naturfeindlichkeit des Christentums oder die Wunderwelt der übersinnlichen Fähigkeiten im New Age. Man sollte Bateson zumindest attestieren, dass er den Versuch gewagt hat, Brücken über vorhandene Abgründe zu schlagen.

8.4 Batesons Schöpfungsmythos

„Ich möchte Ihnen einen Mythos darlegen.

Es war einmal ein Garten. In ihm lebten viele hundert Spezies … In diesem Garten waren zwei Anthropoiden, die intelligenter waren als die anderen Tiere.

An einem der Bäume hing ganz weit oben eine Frucht, an die die beiden Affen nicht herankamen. Also fingen sie an *nachzudenken.* Das war der Fehler. Sie fingen an, zweckgerichtet zu denken.

Bald suchte sich der männliche Affe, dessen Name Adam war, eine leere Kiste, stellte sie unter den Baum und stieg auf sie, aber er merkte, daß er noch immer nicht an die Frucht heranreichte. Also holte er sich eine weitere Kiste und stellte sie auf die erste. Dann kletterte er auf die beiden Kisten und bekam schließlich diesen Apfel.

Adam und Eva wurden fast trunken vor Aufregung. *Das* war der richtige Weg. Mache einen Plan, ABC, und du erhältst D. Danach fingen sie an, sich darauf zu spezialisieren, Dinge planmäßig anzugehen. Im Endeffekt vertrieben sie damit aus dem Garten das Konzept ihrer eigenen insgesamt systemischen Natur und der insgesamt systemischen Natur des Gartens.

(…)

Nun gut. Adam verfolgte weiterhin seine Zwecke, und schließlich erfand er das System des freien Unternehmertums. Eva durfte lange Zeit daran nicht teilnehmen, weil sie eine Frau war. Aber sie trat in einen Bridge-Club ein und fand dort ein Ventil für ihren Haß“ (1968b*, S. 560 f.).

9 Von den Kopfjägern bis zu kybernetischen Geistern

Der wissenschaftliche Lebensweg von Gregory Bateson wurde hier in sieben Kapiteln und einem Exkurs dargestellt. Dieser Weg hat ihn von der ethnologischen Forschung bis hin zu philosophisch komplexen Fragestellungen geführt. Welche Entwicklungslinien, welche Konstanten, welche inneren Zusammenhänge gibt es zwischen all jenen Bereichen?

Batesons Anfänge – noch vor der Ethnologie – liegen, bedingt durch sein Elternhaus und seine ersten Studienjahre, in der Biologie. Sein Vater, William Bateson, war mitbeteiligt an der Wiederentdeckung der mendelschen Vererbungstheorie. Auf ihn geht auch der Begriff *Genetik* zurück. Gregory hatte, einer Familientradition entsprechend, zunächst auch mit einem Studium der Biologie begonnen, bevor er sich der damals noch sehr jungen Wissenschaft der Ethnologie zuwandte. Auch seine beiden älteren Brüder hatten (zumindest zeitweise) Biologie studiert. Die familiäre „Mitgift", die Bateson insbesondere über die Forschungsarbeiten seines Vaters erhielt, bestand in einer frühen Sensibilisierung für Fragen der Symmetrie und der Vererbung. Diese biologischen Wurzeln machte Bateson sich bereits in *Naven* zunutze. Eine explizite – und hier nicht weiter behandelte – Diskussion biologischer Fragestellungen, insbesondere zur Vererbungslehre Lamarcks, zu der Frage von Symmetrien sowie von biologischer Flexibilität betrieb er jedoch erst ab den Sechzigerjahren.

Der wissenschaftlich bedeutendste Ertrag der frühen, ethnologischen Forschungsarbeit besteht in dem Konzept der *Schismogenese.* Bateson entwickelte dieses in einer Reflexion auf seine verwirrenden Erfahrungen während des Aufenthalts bei dem damals eben erst befriedeten Kopfjägerstamm der Iatmul. Beschrieben wurden Verhaltensmuster, die sich bis hin zu einem Zusammenbruch vormaliger Beziehungsmuster gegenseitig verstärkten. Batesons Schismogenesekonzept kann nicht nur als Vorläufer der positiven Rückkopplungsprozesse in der Kybernetik bezeichnet werden, sondern es ist auch die Wurzel moderner Beschreibungen von Beziehungsmustern als *symmetrisch* oder *komplementär*, so wie beispielsweise in der Familientherapie. Durch die frühe ethnologische Forschungsarbeit auf Neuguinea und auf Bali bildet sich zugleich auch ebenjener Kulturrelativismus aus, der Claude Lévi-Strauss zufolge die Haltung des Ethnologen prägt (Lévi-Strauss 1955, S. 380). Dies wurde im ersten Kapitel dieser Arbeit dargestellt.

Dieser Kulturrelativismus wird während des Zweiten Weltkrieges fruchtbar gemacht. Das zweite Kapitel referierte Batesons Versuch, kulturelle Maßstäbe zu vergleichen und über die Erkenntnis der unterschiedlichen Schablonen zu verbessertem Austausch zwischen den Völkern der Erde zu gelangen. Dabei traten auch zunehmend Aspekte des Lernens in den Blickpunkt. Dafür steht zunächst die Hypothese des *end-linkage:* Gelernt wird nicht bloß beispielsweise „Abhängigkeit", gelernt wird ein komplexeres Muster, nämlich zugleich mit der Abhängigkeit auch die komplementäre Dominanz. Die *End-linkage*-Hypothese ist – wie Bateson selbst in der *Ökologie des Geistes* vermerkt – ein Wendepunkt in seinem Denken (1972a, S. 216). Die *end-linkage* steht am Anfang einer ausdrücklichen Zuwendung zu den *Kontextstrukturen* von Phänomenen. In diesem Konzept drückt sich erstmals auch deutlich eine systemische Sichtweise bei Bateson aus.

Die mit der *end-linkage* verbundenen Lernprozesse führten zu der zeitgleich erfolgenden Herausarbeitung einer ersten Fassung seiner Lerntheorie, 1942. Diese wurde im dritten Kapitel wiedergegeben. Bateson hat diese Lerntheorie einer mehrfacher Überarbeitung und Formalisierung unterworfen, bis sie schließlich in den späten Sechzigerjahren zu ihrer abschließenden Gestalt reifte. Die ursprünglich zwei Lernebenen – Proto- und Deutero-Lernen – wurden hierbei zu einem Vierebenenmodell erweitert, das von *Lernen 0* bis *Lernen III* reicht. Wesentlich ist hierbei *Lernen II* bzw. *Deutero-Lernen* und damit die Beschreibung von Charakter- und Weltbildentwicklung als ein Resultat von Lernprozessen. Die Lerntheorie bildete eine wichtige Grundlage für etliche spätere Veröffentlichungen Batesons, insbesondere die des *Double-bind.* Ein Double-bind ist im Wesentlichen nicht mehr als ein situationsspezifisch problematischer und habitualisierter Widerspruch von Lernebenen und -erfahrungen. Leider erweist sich Batesons Lerntheorie bis heute als nur mäßig in der allgemeinen Lernforschung rezipiert.

Seine Kommunikationstheorie greift bereits das damals neu entwickelte Vokabular der Kybernetik auf. Bateson unterscheidet hier zwischen Mitteilungs- und Kommandoaspekten einer Aussage und führt zudem mit der Unterscheidung von Kommunikation und Metakommunikation eine Differenzierung sprachlicher Aspekte ein, mit denen die verborgene beziehungsdefinitorische Komponenten unserer Sprache beschrieben werden können. Er stellt hierbei die Vorrangigkeit von Beziehungsdefinitionen gegenüber inhaltlichen Aussagen fest. Diese Kommunikationstheorie hat in vielfältiger Gestalt Früchte hervorgebracht, insbesondere als „pragmatische Kommunikationstheorie" oder im Hintergrund des NLP. Sie ist in ihrem Wesensgehalt fraglos bereits eine konstruktivistische Theorie, die zumindest implizit zentrale Postulate der Kybernetik 2. Ordnung vorwegnimmt.

In ihrer Anwendung verschmelzen schließlich Lern- und Kommunikationstheorie zu Batesons berühmter *Double-bind-Theorie*. Diese Theorie wurde in der Folgezeit ihrer Veröffentlichung im Jahre 1956 vielfältig diskutiert und leider häufig auch infolge der Nichtbeachtung ihres theoretischen Rahmens missverstanden. Mit der Double-bind-Theorie wird Batesons Name gewiss bis heute noch am meisten assoziiert, auch wenn seine nachfolgenden erkenntnistheoretischen Veröffentlichungen in wissenschaftlicher wie lebenspraktischer Hinsicht sicherlich deutlich brisanter sind. In jedem Falle aber kann festgehalten werden, dass in historischer Hinsicht das Veröffentlichungsdatum dieser Theorie einen wichtigen Wendepunkt ausmacht. Es ist seitdem eine unwidersprochene Erkenntnis geworden, dass pathologische Symptome nicht in einem klassischen Sinne „endogen" – also irgendwie „in" einem Menschen – entstehen, sondern dass sie sich immer auch in einer Umweltinteraktion herausbilden, durch die ihre Entwicklung zumindest begünstigt, wenn nicht gar bedingt wird. Batesons Forschergruppe war damals nur eine von mehreren, allerdings in der Folge die bekannteste. Die Fünfzigerjahre gelten als die Geburtsstunde der modernen Familientherapie.

Batesons Hauptinteresse galt allerdings schon damals nicht primär dem besseren Verständnis von Schizophrenie und möglicher Therapie, ihn interessierten allgemeinere Phänomene der Kommunikation. Daher wandte er sich zu Beginn der Sechzigerjahre zunächst sogar von rein menschlicher Kommunikation ab, indem er zunächst Tintenfische beobachtete und sodann für rund acht Jahre Delphinforschung auf den Virgin Islands und insbesondere auf Hawaii betrieb. Während dieser Zeit reifte sein Denken. Eine Reihe zentraler Veröffentlichungen und Erkenntnisse entstanden während der Zeit, als er auf Hawaii Delphinforschung betrieb. Ich habe mich hinsichtlich Batesons kybernetisch orientierter Erkenntnistheorie im siebten Kapitel im Wesentlichen auf die Begriffe *Geist, Information* und seine Kritik am zweckgerichteten Bewusstsein beschränkt. Dabei wurden Veröffentlichungen aus den späten Sechzigerjahren mit Inhalten des 1979 erschienen *Geist und Natur* verbunden. Von kleineren Abstrichen abgesehen, lässt sich hierbei in jedem Fall festhalten, dass diese Ansätze zu einer Neuverortung des Geistes sowie einer kybernetischen Erkenntnistheorie bis heute noch weitgehend unaufgearbeitet sind: Der Informationsbegriff wurde von Niklas Luhmann aufgegriffen, die Problematisierung ökologischer Fragestellungen wurde vom NLP übernommen (wenn auch leider unter vollkommener Verkennung der eigentlichen Inhalte), und schließlich gibt es zahlreiche Rückgriffe auf Bateson im Bereich systemischer Therapie. Die ökologische inspirierte Diskussion wird umfassend aufgegriffen in einer Veröffentlichung des Anthropologen Peter Harries-Jones (Harries-Jones 1995).

Als die wichtigsten von Bateson aufgeworfenen Probleme können sein Angriff auf die Ideologie der Macht, der Neuansatz einer Verbindung von Körper und Geist sowie sein Ökologiediskurs angeführt werden. Letzterer zum einen deshalb, weil unsere (Lebens-)Umwelt noch immer zu wenig Fürsprecher hat (insbesondere wenn es um kurzfristig angelegte wirtschaftliche Produktionsinteressen geht), zum anderen aber auch, weil sich gerade dort auch viel versprechende Ansätze für ein anderes Denken erschließen lassen.

Im achten Kapitel dieses Buches habe ich den Versuch einer kurzen Schilderung von Batesons Ausführungen zum pathogenen Bewusstsein sowie zu seiner Skizze möglicher Religiosität unternommen. Es sei hierzu angemerkt, dass ich das Zögern teile, dass Bateson mit seinem Buchtitel *Wo Engel zögern (Where Angels Fear to Tread)* ausdrückt. Die von ihm hierin angesprochenen Themen sind einerseits von großer Bedeutung, zugleich aber gelangt ein wissenschaftlicher Diskurs gerade dort auch an Grenzen, und zwar nicht nur hinsichtlich des verbalen Ausdrucks. Gewiss würde gerade das Spätwerk Batesons noch eine ganz eigene Aufarbeitung erfordern, zu der insbesondere die nachgelassenen Manuskripte zu *Wo Engel zögern* herangezogen werden müssten. Die Edition von Batesons Tochter Mary Catherine umfasst zum einen nicht alle der vorhandenen Texte, zum anderen aber sind diese teils stark gekürzt und überarbeitet.

Insgesamt verfolgte diese Einführung zu Bateson die Spur jener vielfachen Ansätze, über die er im Verlauf seines Lebens menschliche Beziehungsmuster zu erfassen suchte. Dies bedeutet, dass auf eine ganze Reihe wichtiger Veröffentlichungen hier nicht näher eingegangen wurde. Der interessierte Leser wird sich jedoch in der *Ökologie des Geistes*, die insgesamt 35 Aufsätze aus über drei Jahrzehnten Veröffentlichungstätigkeit versammelt, problemlos einen zuverlässigen Überblick über die Bandbreite von Batesons Denken verschaffen können. Nachdem neben der *Ökologie des Geistes* und *Geist und Natur* auch *Wo Engel zögern* und *Kommunikation* in deutscher Übersetzung vorliegen, beschränken sich die größten Lücken auf das noch immer unübersetzte *Naven* sowie eine zweite, von Batesons Archivar Rodney E. Donaldson zusammengestellte Aufsatzsammlung unter dem Titel *A Sacred Unity* (Bateson 1991a). Diese Aufsatzsammlung bündelt insbesondere Veröffentlichungen aus den Siebzigerjahren und stellt somit eine Ergänzung zu *Ökologie des Geistes*, aber auch zu *Wo Engel zögern* dar. Ansonsten sei an dieser Stelle nur noch Helm Stierlin in seiner Einleitung zur *Ökologie des Geistes* beigepflichtet: „Ich halte Gregory Bateson für einen der wichtigsten Denker unseres Jahrhunderts."

9.1 Vier Pathologien

Einer der Stränge, die sich durch Batesons Werk ziehen, besteht in einer immer wieder aufs Neue erfolgenden Analyse von Beziehungsmustern innerhalb der gesamten belebten Welt. Diese Analysen beginnen mit der Schismogenese, werden fortgeführt mit dem Double-bind und erhalten schließlich mit der Problematisierung der Idee der Macht und eines pathogenen Bewusstseins ihren Höhepunkt. Ich möchte alle vier als *Pathologien* bezeichnen, wenn auch nicht im üblichen klinischen Sinne, sondern in einem ursprünglicheren, der sich daran erinnert, dass *Pathos* zunächst einmal *Leiden* bedeutet.

Formuliert wurden also von Bateson vier Ansätze einer Pathologie von Beziehungsmustern. In ihnen erfolgen jeweils wesentliche Veränderungen der Analyseebene: Beinhaltete das Konzept der Schismogenese noch die Analyse menschlichen *Verhaltens*, vollzieht die Double-bind-Theorie einen Schwenk von *Verhalten* auf *Haltungen*, innere Einstellungen. Es sei hierzu angemerkt, dass der größte Anteil der Missverständnisse bezüglich des Double-bind eine Folge der Vernachlässigung des Unterschiedes zwischen Haltung und Verhalten darstellt.

Diese Problematisierung menschlicher Haltung gewinnt mit dem Angriff auf die Idee der Macht wiederum eine neue Qualität. Hatte die Double-bind-Theorie noch ein spezielles Kommunikationsmuster mit entsprechenden Prämissen im Blick, deutet die Hinterfragung der Idee der Macht auf ein fundamentaleres Problem hin. Dieses beruht in der Missachtung größerer Kreisläufe: Der Mensch als vielfach (d. h. sowohl sozial als auch ökologisch) abhängiges Wesen setzt sich selbst als absolut und bewirkt dadurch Zerstörung. Dieser Weg wird mit der Analyse pathogenen Bewusstseins nochmals vorwärts getrieben und verschärft. Mit der Beschwörung einer natürlichen Einheit von Geist und Natur, die im menschlichen Bewusstsein als eine bloß gebrochene vorliegt, benennt Bateson ein gravierendes Problem.

Die vier Pathologien stehen somit auch für sich verändernde Perspektiven auf die Welt. Sie dokumentieren, dass es Bateson von Anfang an ein wichtiges Anliegen war, ebenjene Konflikte zu verstehen und zu problematisieren, die sich aus der Verhaftung des Menschen in seine Umgebung ergeben. Er vollzieht damit zugleich einen intellektuellen Schwenk von einem unbeteiligten Beobachter, der *Schismogenese* diagnostiziert, zu einem Handelnden, der sich nicht mit bloßer Diagnose bescheiden mag und daher Strategien für einen möglichen anderen Weg zu entwerfen versucht. Batesons Schwenk ist ein notwendiger Schwenk. Er vollzieht damit zugleich in seiner eigenen Person die Entwicklung von Kybernetik und Konstruktivismus nahezu paradigmatisch nach. Wissenschaftler sind ebenso wenig wie alle anderen Menschen unbeteiligte Beobachter, sie sind notwendig ebenso Teil wie auch Produzent des beschriebenen Systems.

9.2 Praxis des Denkens

Mit diesen vier Pathologien sei zumindest *eine* der Entwicklungslinien in Batesons Denken skizziert. Eine Konstante in diesem Denken ist von Beginn an seine holistische Haltung, die sich an hegelscher Dialektik orientiert. Batesons Denken vollzieht sich häufig über die Gegenüberstellung von Begriffen, die Kontextualisierung von Phänomenen und eine daraus erfolgende fruchtbare Weiterentwicklung. Besonderen Rang gewinnt hierbei seine Praxis des *lockeren und strengen Denkens*. Immer wieder bezieht er aber auch Inspiration aus seinem biologischen und kybernetischen Wissensschatz, indem er mit Ideen, Gedanken und Begriffen spielt, diese zueinander in Beziehung setzt und schließlich im Sinne eines *strengen Denkens* wissenschaftlicher Analyse und Begründungsprozessen unterzieht. Ein wichtiges Strukturmoment findet sich hierbei in der *Abduktion*, dem *Modus Gras*, womit Bateson verdeutlicht, dass es strukturelle Voraussetzungen bzw. logische Charakteristika des Denkens gibt, die meist leider unbeachtet bleiben.

Batesons Denken bleibt ansonsten weiterhin ebenso schwer zu verorten wie sein Rang im wissenschaftlichen Denken des 20. Jahrhunderts. Alles in allem scheint es jedoch, als sei er ein Autor, dessen Denken und Anliegen langsam wieder an Bedeutung gewinnt. Es gibt eine große Zahl von Autoren, die er in vielfältiger Weise beeinflusst hat. Auf diese Weise sind viele bereits, vielleicht ohne es zu wissen, mit einem batesonisch inspirierten, systemischen Denken in Berührung gekommen. Bateson ist auch einer der wenigen modernen Wissenschaftler, die sich bis in letzter Konsequenz den Problemen gestellt haben, die unsere moderne, technisierte und überbevölkerte Welt erzeugt.

Als Autor ist Bateson gewiss nicht leicht zu erfassen, insbesondere wegen seiner Veröffentlichungspraxis: Seine Publikationen reichen nur selten über die Länge eines Aufsatzes hinaus. Zudem sind diese Aufsätze nicht nur über eine große Zahl an Zeitschriften verstreut, sie sind auch von einer thematischen Vielfalt, von der diese Einführung vielleicht ein bisschen etwas erahnen lässt. Was Bateson als Autor damit bietet, sind auch nur Bruchstücke einer systemischen Theorie. Er ist weit davon entfernt, ein vollständig in sich ausgearbeitetes Konzept bereitzustellen. Doch möge man sich davon hinsichtlich der Bedeutung und der Reichweite seines Denkens nicht täuschen lassen: Denn es geht zunächst einmal um grundlegendere Fragen als um die bloße Ausarbeitung einer Theorie. Es geht um eine andere Weise zu denken, eine andere Haltung gegenüber der Welt, und zwar sowohl der sozialen als auch der biologischen. Eine ausgearbeitete systemische Theorie würde tatsächlich auch kaum Sinn ergeben, solange der Einzelne an überkommenen Weltbildern festhält. Batesons Texte sind hierbei allesamt Versuche, Brücken zu schlagen von einem Denken, das kurzfristiger Mittel-Zweck-Orientierung verpflichtet ist und eine mögliche Sensibilität für die vorhandenen größeren Zusammenhänge ausblendet. Zumindest dies ist Bateson in jedem Fall gelungen: den Horizont zu erweitern.

Gewiss nicht zufällig heißt Batesons bekanntestes Buch, die *Ökologie des Geistes*, im Original auch *Steps to an Ecology of Mind*. Es sind tatsächlich eine ganze Reihe von *Schritten* in Richtung auf ein anderes Bewusstsein, die er im Lauf seiner wissenschaftlichen Veröffentlichungstätigkeit herausarbeitet und in besagtem Buch bündelt. *Schritte* beinhaltet die *Ökologie des Geistes* jedoch auch in anderer Weise: Folgt man seiner Reihe von weitgehend chronologisch geordneten Aufsätzen, so folgt man nicht nur Batesons Lebensweg von den Iatmul bis zur Analyse der Wurzeln ökologischer Krisen, sondern kann damit zugleich auch Batesons intellektuelle Entwicklung nachvollziehen – und damit selbst den eigenen Horizont aufs Eleganteste erweitern.

Diese Einführung in Batesons Werk hatte insbesondere drei Ziele: Zum Ersten sollte sie eine Einführung bieten im Sinne eines nicht allzu langen Überblicks über Entwicklung und wesentliche Inhalte seines Denkens. Zum Zweiten wäre sie gewiss dann gelungen, wenn sie Lust auf mehr machte, Lust auf mehr von Bateson. Und zum Dritten hoffe ich, mit ihr einige Anhaltspunkte zum besseren Verständnis von Batesons Texten geliefert zu haben, damit es nicht einem jeden so ergeht wie der Psychologieprofessorin Bettina Girgensohn-Marchand, die sich Watzlawick zuwandte, weil sie an Bateson scheiterte: „Ich versichere, dass ich intensiv versucht habe, Bateson durchzuarbeiten und zu verstehen (im März 1988 in einem Hotel in Wien), aber das ist mir nicht gelungen" (Girgensohn-Marchand 1992, S. 104). Und weiter, bezogen auf die Forschergruppe in Palo Alto: „Bateson selbst, Begründer der Gruppe, denkt und schreibt noch komplizierter als Watzlawick und ist deshalb noch unverständlicher" (S. 14). Allerdings ist heute auch die Veröffentlichungslage ungleich besser als

Ende der Achtzigerjahre: Mit dem Erscheinen von *Kommunikation* und von *Wo Engel zögern* sind sowohl wichtige Grundlagen als auch Ergebnisse seines Denkens in deutscher Übersetzung zugänglich.

Ansonsten sei an dieser Stelle nur noch angemerkt, dass Bateson weiterhin ein Autor ist, dessen Potenzial noch bei weitem nicht ausgeschöpft ist. Insbesondere sein Spätwerk wartet noch immer darauf, in seiner wissenschaftlichen und lebensphilosophischen Bedeutung endlich in einen allgemeineren Diskurs einzufließen.

Biografie

Diese tabellarische Darstellung wurde auf Grundlage der Bateson-Biografie von David Lipset (Lipset 1980) und Batesons *Curriculum Vitae* (in Brockman 1977) zusammengetragen.

1904 Geboren am 9. Mai in Grantchester bei Cambridge, England, als drittes Kind des englischen Genetikers William Bateson und seiner Frau Beatrice, geb. Durham.

1918 Der älteste Bruder, John, stirbt im Ersten Weltkrieg.

1922 Der zweitälteste Bruder, Martin, erschießt sich am Geburtstag seines Bruders John. Gregory beginnt ein Studium der Zoologie am St. John's College, Cambridge.

1925 Sechswöchige Reise auf die Galapagosinseln. Zunehmende Unzufriedenheit mit dem Studium der Zoologie, Abschluss mit Bachelor. Bekanntschaft mit dem Ethnologen Alfred C. Haddon. Beginn des Studiums der Ethnologie.

1926 Tod des Vaters.

1927 Erste Reise nach Neuguinea: Untersuchung der Prozesse „sozialer Evolution". In Sydney Bekanntschaft mit Alfred R. Radcliffe-Brown, der ihm ein Stipendium verschafft. Lebt zehn Monate unter den *Baining*, einem Volk wandernder Ackerbauern.

1928 Nach wenig fruchtbarer Feldarbeit Rückkehr nach Sydney. Beschließt, nicht mehr zu den Baining zurückzukehren, sondern zu den *Sulka* zu gehen, einem benachbarten Volk. Bleibt dort für fünf Monate.

1929 Einladung zu einer Flussreise auf dem Sepik. Stößt dort auf die *Iatmul*, Faszination und ein erster, sechsmonatiger Aufenthalt.

1930 Rückkehr nach Cambridge. Studienabschluss in der Ethnologie mit Master.

1932 Veröffentlichung von *Social Structure of the Iatmul People of the Sepik River.* Zweite Reise zu den Iatmul, diesmal fünfzehn Monate. Bekanntschaft mit Margaret Mead.

1933 Rückkehr nach Cambridge. Schreibt an *Naven.*

1936 Veröffentlichung von *Naven.* Heiratet Margaret Mead. Gemeinsame Forschungsreise nach Bali.

1938 Reise von Bali nach Neuguinea, achtmonatiger Aufenthalt.

1939 Rückkehr von Bali und Ankunft in New York. Ausbruch des Zweiten Weltkriegs: Bateson reist nach England. Geburt der Tochter Mary Catherine. Da die Briten für ihn keine Verwendung haben, Rückreise nach New York.

1941 Tod der Mutter. Verschiedene kurzzeitige Projekte.

1942 Gemeinsam mit Margaret Mead Veröffentlichung von *Balinese Character.* Bekanntschaft mit Norbert Wiener, John von Neumann und Warren McCulloch. Einführung in die Ideen geschlossener selbst korrigierender Kreisläufe. Beginn der Mitarbeit in der psychologischen Kriegsführung der USA. Zwanzigmonatiger Aufenthalt in Ceylon, Indien, Burma und China.

1945 Rückkehr zur Familie.

1946 Trennung von Margaret Mead. Unterzieht sich einer Psychotherapie. Verschiedene befristete Lehraufträge. Erste Konferenz über Kybernetik unter dem Titel *Feedback Mechanisms and Circular Causal Systems in Biological and Social Systems.*

1948 Zweijährige Anstellung an der *University of California Medical School* in San Francisco. Beginn therapeutischer Arbeit mit psychiatrischen Patienten. Zusammenarbeit mit dem Schweizer Psychiater Jürgen Ruesch.

1949 Bateson beginnt ethnographische Interviews mit Psychiatern. Aufnahme der Arbeit am *Veterans Administrations Hospital* in Menlo Park.

1950 Scheidung von Margaret Mead.

1951 Mit Ruesch Veröffentlichung von *Kommunikation. Die soziale Matrix der Psychiatrie.* Zweite Heirat, mit seiner früheren Sekretärin Betty Sumner. Geburt seines zweiten Kindes, John. Gastprofessor an der *Stanford University.*

1952 Beobachtung von Flussottern. Erhält Forschungsgelder der *Rockefeller-Stiftung* zur Untersuchung von *Paradoxien der Abstraktion in der Kommunikation.* Beginn der Zusammenarbeit mit

John H. Weakland, Jay Haley und William F. Fry in Palo Alto, Kalifornien.

1953 Nachdem Fry Batesons Forschungsprojekt verlässt, Mitarbeit von Don D. Jackson. Zehnte und letzte Konferenz über Kybernetik. Geburt von Zwillingen, die aber schon nach einem Jahr wieder sterben.

1954 Nach zweijähriger ergebnisloser Forschung Ende der Unterstützung durch die *Rockefeller-Stiftung*. Trotz der Krise verlässt keiner seiner Mitarbeiter das Projekt. Aus finanziellen Gründen wird der Schwerpunkt des Projekts auf die Untersuchung logischer Typen in der Kommunikation Schizophrener verlagert. Erhalt einer zweijährigen Unterstützung der *Josiah-Macy-Stiftung*.

1956 Veröffentlichung der Double-bind-Theorie.

1958 Scheidung von Betty Sumner. Zweite Veröffentlichung von *Naven*.

1959 Unterstützung des Projekts durch das *National Institute of Mental Health* und den *Foundations Fund for Research in Psychiatry*. Jackson errichtet ein Institut in Palo Alto (*Mental Research Institute*). Bateson lehnt die Arbeit unter seinem früheren Berater ab. Seine Interessen zweigen sich von denen seiner Mitarbeiter ab. Er beginnt, unterstützt von einer Mitarbeiterin, Lois Cammack, das Verhalten von Tintenfischen zu untersuchen.

1961 Bateson und Jackson erhalten den Frieda-Fromm-Reichmann-Preis der *American Academy of Psychoanalysis*. Heiratet Lois Cammack.

1962 Ende der Forschungsarbeit in Palo Alto.

1963 Anstellung als außerordentlicher Forschungsleiter in John Lillys Labor auf den *Virgin Islands* zur Untersuchung der Kommunikation von Delphinen.

1964 Ablehnung einer Professur für angewandte Wissenschaft in industrieller Gesellschaft in Edinburgh. Erhält eine fünfjährige Unterstützung vom *National Institute of Mental Health*, den so genannten *Career Development Award*.

1965 Wird außerordentlicher Forschungsleiter am *Oceanic Institute* in Hawaii.

1966 Bei Delphinshows gelingt es per Zufall, Kreativität bei Delphinen nachzuweisen. Das *Oceanic Institute* errichtet ein größeres

Becken, das zu reiner Forschungsarbeit dient. Es erhält den Namen *Bateson's Bay*.

1968 Führt eine interdisziplinäre Konferenz über globales Überleben auf der Burg Wartenstein in Österreich durch. Seine Tochter Mary Catherine veröffentlicht hierüber als Konferenzbericht *Our Own Metaphor.*

1969 Geburt der Tochter Nora. Ende der Unterstützung durch das *National Institute of Mental Health*, da seine Forschung experimenteller oder klinischer Grundlage entbehre.

1970 Gedächtnisvorlesung in New York zu Ehren von Alfred Korzybski. Bateson wird sich hier eines verborgenen roten Fadens in Gestalt einer Ökologie von Ideen im Verlauf seines vagabundierenden Wissenschaftlerlebens bewusst.

1971 Einjährige Studienreise durch Asien mit einer Studentengruppe.

1972 Veröffentlichung von *Ökologie des Geistes:* eine Sammlung von 35 Aufsätzen aus den Jahren 1935 bis 1971. Infolge der hierdurch erlangten Popularität zahlreiche Einladungen zu Konferenzen und Seminaren. Nachdem das *Oceanic Institute* in Hawaii von finanziellen Problemen bedrängt wird, kehren die Batesons nach Kalifornien zurück. Wird in Santa Cruz Teilzeitdozent.

1973 Beginn einer Gastprofessur am *Kresge College*, einem radikalen Ausbildungsexperiment der Universität in Santa Cruz.

1976 Mitglied des Verwaltungsrats der *University of California*.

1977 Beginn von *Geist und Natur.*

1978 Ausbruch eines schweren und inoperablen Lungenkrebses. Nach Besserung Fertigstellung des Manuskripts unter Hilfe von Mary Catherine Bateson.

1979 Veröffentlichung von *Geist und Natur*. Beginn der Arbeit an einem weiteren unvollendet gebliebenen Buch, *Wo Engel zögern (Where Angels Fear to Tread)*.

1980 4. Juli: Nach überstandener Lungenentzündung Tod im *Zen-Center* in San Francisco.

1981 Deutsche Übersetzung von *Ökologie des Geistes*.

1982 Deutsche Übersetzung von *Geist und Natur*.

1987 Mary Catherine Bateson veröffentlicht aus Fragmenten *Wo Engel zögern*.

1991 Rodney E. Donaldson veröffentlicht eine zweite Sammlung von Bateson-Aufsätzen unter dem Titel *A Sacred Unity*.

1993 Deutsche Übersetzung von *Wo Engel zögern.*

1995 Deutsche Übersetzung von *Kommunikation*, 44 Jahre nach dem Erscheinen.

2000 Nachdem es lange Jahre vergriffen war, amerikanische Wiederauflage der *Ökologie des Geistes – Steps to an Ecology of Mind.*

Literatur

Anmerkungen zur Zitierweise: Veröffentlichungen unter Beteiligung von Bateson erscheinen ohne Rücksicht auf die Reihenfolge der Namen sämtlich unter seinem Namen aufgelistet, die Ko-Autoren sind jeweils nachgeordnet. Die Jahreszählung folgt dem Jahr der Erstveröffentlichung. Abweichende Ausgaben sind angegeben, sofern aus ihnen zitiert wurde. Die angegebenen Indizes entsprechen der Bibliographie der veröffentlichten Schriften Batesons in *Sacred Unity* (1991a) von Rodney E. Donaldson.

Schriften Batesons

1932b „Social Structure of the Iatmul People of the Sepik River" (Teile I–II), in: *Oceania*, 2. Jg., H. 3, S. 245–291.

1932c „Social Structure of the Iatmul People of the Sepik River" (Teile III–VI), in: *Oceania*, 2. Jg., H. 4, S. 401–453.

1935b „Kulturberührung und Schismogenese (orig. „Culture Contact and Schismogenesis"), in: *Man*, 35. Jg. Hier in 1972a, S. 99–113.

1936a *Naven. A Survey of the Problems suggested by a Composite Picture of the Culture of a New Guinea Tribe drawn from Three Points of View*, Cambridge: Cambridge Univ. Press. Hier in 1958a.

1937 „An Old Temple and a New Myth", in: *Djawa*, 17. Jg., S. 291–307. Hier in: Jane Belo (Hrsg.): *Traditional Balinese Culture*, New York – London: Columbia Univ. Press 1970, S. 111–136.

1941a „Spekulationen über ethnologisches Beobachtungsmaterial" (orig. „Experiments in Thinking About Observed Ethnological Material"), in: *Philosophy of Science*, 8. Jg., H. 1, S. 53–68. Hier in 1972a, S. 114–132.

1941e „The Frustration-Aggression Hypothesis and Culture", in: *Psychological Review*, 48. Jg., H. 4, S. 350–355. Hier in: Theodore M. Newcomb (Hrsg.): *Readings in Social Psychology*, New York: Holt 1947, S. 267–269.

1941f [mit Margaret Mead] „Principles of Morale Building", in: *Journal of Educational Sociology*, 15. Jg., H. 4, S. 206–220.

1942a [mit Margaret Mead] *Balinese Character. A Photographic Analysis*, New York: The Academy.

1942c „The Council on Human Relations", in: *Man*, 42. Jg., S. 93 f.

1942d „Some Systematic Approaches to the Study of Culture and Personality", in: *Character and Personality*, 11. Jg., H. 1, S. 73–82. Hier in: Douglas

G. Haring (Hrsg.): *Personal Character and Cultural Milieu*, New York: Syracuse Univ. Press 1966 (4. Aufl.), S. 130–136.

1942f „Sozialplanung und der Begriff des Deutero-Lernens" (orig. „Comment on ‚The Comparative Study of Culture and the Purpose Cultivation of Democratic Values', by Margaret Mead"), in: L. Bryson/L. Finkelstein (Hrsg.): *Science, Philosophy, and Religion; Second Symposium*, New York: Conference of Science, S. 81–97. Hier in 1972a, S. 219–240.

1942g „Moral und Nationalcharakter (orig. „Morale and National Character"), in: G. Watson: *Civilian Morale*, Boston: Houghton-Mifflin, S. 71–91. Hier in 1972a, S. 133–155.

1943a „Cultural and Thematical Analysis of Fictional Films", in: *Transactions of the New York Academy of Sciences*, 2. Folge, 5. Jg. H. 4, S. 72–78. Hier in: Douglas G. Haring (Hrsg.): *Personal Character and Cultural Milieu*, New York: Syracuse Univ. Press, 4. Aufl., 1966, S. 137–142.

1943b „An Analysis of the Film Hitlerjunge Quex", in: M. Mead/R. Métraux (Hrsg.): *The Study of Culture at a Distance*, Chicago – London: Univ. of Chicago Press, 1953, S. 302–314.

1944e „Psychology – In the War and After (VIII): Use of Film Material in Studying Peoples", in: *Junior College Journal*, 14. Jg., H. 9, S. 427–429.

1947a „Atoms, Nations, and Cultures", in: *International House Quarterly*, 11. Jg., H. 2, S. 47–50.

1949a „Bali: Das Wertsystem in einem Zustand des Fließgleichgewichts" (orig. „Bali: The Value System of a Steady State"), in: M. Fortes (Hrsg.): *Social Structure: Studies presented to A. R. Radcliffe-Brown*, Oxford; Clarendon Press. Hier in 1972a, S. 156–181.

1951a [mit Jürgen Ruesch] *Kommunikation. Die soziale Matrix der Psychiatrie* (orig. *Communication: The Social Matrix of Psychiatry*), New York: Norton, 3. Aufl., 1987 (mit Vorwort von P. Watzlawick). Übers. v. C. Rech-Simon: Heidelberg: Carl-Auer-Systeme, 1995.

1953a "The Position of Humor in Human Communication", in: H. von Foerster et al. (Hrsg.): *Cybernetics: Transactions of the Ninth Conference*, New York: Josiah Macy, Jr. Foundation, S. 1–47.

1955a „Eine Theorie des Spiels und der Phantasie" (orig. „A Theory of Play and Fantasy: A Report on Theoretical Aspects of the Project for Study of the Role of Paradoxes of Abstraction in Communication"), in: *Approaches to the Study of Human Personality*, S. 39–51. Hier in 1972a, S. 241– 261.

1956d [mit Don D. Jackson, Jay Haley und John Weakland]: „Vorstudien zu einer Theorie der Schizophrenie" (orig. „Toward a Theory of Schizophrenia"), in: *Behavioral Science*, 1. Jg., H. 4, S. 251–264. Hier in 1972a, S. 270–301.

1958a „Epilogue 1958", in: *Naven. A Survey of the Problems suggested by a Composite Picture of the Culture of a New Guinea Tribe drawn from Three Points of View*, Stanford: Stanford Univ. Press (2. Aufl.), S. 280– 303.

1960a „Die Gruppendynamik der Schizophrenie" (orig. „The Group Dynamics of Schizophrenia"), in: L. Appleby (Hrsg.): *Chronic Schizophrenia: Explorations in Theory and Treatment*, Glencoe, Ill.: Free Press, S. 90–105. Hier in 1972a, S. 302–320.

1960c „Minimalforderungen für eine Theorie der Schizophrenie" (orig. „Minimal Requirements for a Theory of Schizophrenia"), in: *A. M. A. Archives of General Psychiatry*, 2. Jg., S. 477–491. Hier in 1972a, S. 321–352.

1966d „Slippery Theories", in: *International Journal of Psychiatry*, 2. Jg., H. 4, S. 415–417.

1968b „Bewußte Zwecksetzung versus Natur" (orig. „Conscious Purpose Versus Nature"), in: D. Cooper: *The Dialectics of Liberation*, Baltimore: Penguin Books, S. 34–49. Hier in 1972a, S. 549–565.

1970a „Form, Substanz und Differenz" (orig. „Form, Substance, and Difference"), in: *General Semantics Bulletin*, 37. Jg., S. 5–13. Hier in 1972a, S. 576–597.

1972a *Ökologie des Geistes: Anthropologische, psychologische, biologische und epistemologische Perspektiven* (orig. *Steps to an Ecology of Mind: Collected Essays in Anthropology, Psychiatry, Evolution, and Epistemology*), New York: Ballantine Books, übers. v. H. G. Holl: Frankfurt a. M.: Suhrkamp, 1985.

1972c „Von Versailles zur Kybernetik" (orig. „From Versailles to Cybernetics", Vortrag 1966), in 1972a, 603–613.

1972e „Die logischen Kategorien von Lernen und Kommunikation" (orig. „The Logical Categories of Learning and Communication", Vortrag 1968), in 1972a, S. 362–399.

1972f „Krankheiten der Erkenntnistheorie" (orig. „Pathologies in Epistemology", Vortrag 1969), 1972a, S. 614–626.

1972g „Double bind, 1969 (orig. „Double Bind, 1969", in 1972a, S. 353–361.

1972h „Die Wurzeln ökologischer Krisen" (orig. „The Roots of Ecological Crisis", Vortrag 1970), in 1972a, S. 627–633.

1972i „Auswirkung bewußter Zwecksetzung auf die menschliche Anpassung" (orig. „Effects of Conscious Purpose on Human Adaption", Vortrag 1968), in 1972a, S. 566–575.

1972j „Die Wissenschaft von Geist und Ordnung" (orig. „The Science of Mind and Order"), in 1972a, S. 15–28.

1977a „The Thing of It Is", in: M. Katz (Hg.): *Earth's Answer: Explorations of Planetary Culture at the Lindisfarne Conferences*, New York: Lindisfarne Books, S. 143–154. Hier in 1991a, S. 175–184.

1979a *Geist und Natur. Eine notwendige Einheit* (orig. *Mind and Nature: A Necessary Unity*), New York: E. P. Dutton, übers. v. H. G. Holl, Frankfurt a. M.: Suhrkamp, 1987.

1980a „Syllogisms in Grass", in: *The London Review of Books*, 2. Jg., H. 1, S. 2.

1980b „Seek the Sacred: Dartington Seminar", in: *Resurgence*, 10. Jg., H. 6, S. 18–20. Hier in 1991a, S. 299–306.

1987 [mit Mary Catherine Bateson] *Wo Engel zögern: Unterwegs zu einer Epistemologie des Heiligen* (orig. *Angels Fear: Towards an Epistemology of the Sacred)*, New York: Macmillan, übers. v. H. U. Möhring, Frankfurt a. M.: Suhrkamp, 1993.

1991a *A Sacred Unity: Further Steps to an Ecology of Mind*" (Hg. Rodney E. Donaldson), San Francisco: HarperCollins.

Schriften zu Bateson

Ashby, W. Ross (1956): *Einführung in die Kybernetik,* übers. v. J. A. Huber, dt. (1985): Frankfurt a. M. (Suhrkamp).

Bateson, Mary Catherine (1986): *Mit den Augen einer Tochter. Meine Erinnerung an Margaret Mead und Gregory Bateson*, Reinbek (Rowohlt).

Brockman, John (Hrsg.) (1977): *About Bateson: Essays on Gregory Bateson,* London (Wildwood House).

Ciompi, Luc (1982): *Affektlogik: Über die Struktur der Psyche und ihre Entwicklung. Ein Beitrag zur Schizophrenieforschung,* Stuttgart (Klett-Cotta).

Davison, Gerald C. u. Neale, John M. (1988): *Klinische Psychologie. Ein Lehrbuch,* übers. v. J. Schust, München/Weinheim (Psychologie Verlags Union).

Dell, Paul F. (1986): *Klinische Erkenntnis. Zu den Grundlagen systemischer Therapie,* Dortmund (Verlag modernes Lernen).

Dollard, John (1937): Rezension von „Naven", *American Sociological Review* 2: 567.

Domarus, Eilhard von (1944): „The Specific Laws of Logic in Schizophrenia", in: J. S. Kasanin (Hrsg.), *Language and Thought in Schizophrenia,* New York (Norton) 1964: 104–114.

Engeström, Yrjö (1987): *Learning by Expanding. An activity-theoretical approach to development research,* Helsinki (Orienta-Konsultit Oy).

Eßbach, Wolfgang (1990): „Der Überschuß des Lebens. Richard Grathoffs Einführung in die phänomenologische Soziologie: ‚Milieu und Lebenswelt'", *Frankfurter Allgemeine Zeitung,* (6.1., H. 5): 27.

Foerster, Heinz von (1993): *Wissen und Gewissen. Versuch einer Brücke,* Frankfurt a. M. (Suhrkamp).

Foerster, Heinz von (1998): *Wahrheit ist die Erfindung eines Lügners. Gespräche für Skeptiker,* Heidelberg (Carl-Auer-Systeme).

Fromm-Reichmann, Frieda (1978): *Psychoanalyse und Psychotherapie: Eine Auswahl aus ihren Schriften,* hrsg. v. Dexter M. Bullard, Stuttgart (Klett-Cotta).

Girgensohn-Marchand, Bettina (1992): *Der Mythos Watzlawick und die Folgen: Eine Streitschrift gegen systemisches und konstruktivistisches Denken in pädagogischen Zusammenhängen,* Weinheim (Deutscher Studien Verlag).

Goffman, Erving (1974): *Rahmen-Analyse: Ein Versuch über die Organisation von Alltagserfahrungen,* übers. v. H. Vetter (1980) Frankfurt a. M. (Suhrkamp).

Grathoff, Richard (1989): *Milieu und Lebenswelt: Einführung in die phänomenologische Soziologie und die sozialphänomenologische Forschung,* Frankfurt a. M. (Suhrkamp).

Gron, Paul (1983): *Freedom and Determinism in Gregory Bateson's Theory of Logical Levels of Learning: An Application to Psychotherapy,* Boston (University Press).

Gulick, John (1959): Rezension zu „Naven", *Social Forces* 37: 374–375.

Günther, Gotthard (1957): *Das Bewußtsein der Maschinen: Eine Metaphysik der Kybernetik.* Krefeld (Agis).

Haley, Jay (1959): „Die Interaktion von Schizophrenen", in: *Schizophrenie und Familie: Beiträge zu einer neuen Theorie,* dt. (1969) Frankfurt a. M. (Suhrkamp): 81–107.

Haley, Jay (1963): *Gemeinsamer Nenner Interaktion. Strategien der Psychotherapie*, dt. (1987) München (J. Pfeiffer).

Haley, Jay (1973): *Die Psychotherapie Milton H. Ericksons*, dt. (1988), München (J. Pfeiffer).

Harries-Jones, Peter (1995): *Ecological Understanding and Gregory Bateson*, Toronto (University of Toronto Press).

Heims, Steve P. (1991): *The Cybernetics Group*, Cambridge (MIT Press).

Holzkamp, Klaus (1993): *Lernen: Subjektwissenschaftliche Grundlegung*, Frankfurt a. M. (Campus).

Hull, Clark L. (1940): *Mathematico-Deductive Theory of Rote Learning*, New Haven (Yale Univ. Press).

Humphrey, Nick (1979): „New Ideas, Old Ideas", *The London Review of Books* (6. Dez.): 6.

Jung, Carl Gustav (1916): „Septem Sermones ad Mortuos", in: Aniela Jaffé (Hrsg.): *Erinnerungen, Träume, Gedanken von C. G. Jung*, Zürich (Rascher & Cie) 1962: 388–398.

Kirschenbaum, Howard u. Valerie L. Henderson (1989): „Gregory Bateson", in: H. Kirschenbaum u. V. L. Henderson (Hrsg.), *Carl Rogers: Dialogues*, Boston (Houghton Mifflin), S. 176–179.

Korzybski, Alfred (1941): *Science and Sanity. An Introduction to Non-Aristotelian Systems and General Semantics*, (4. Aufl. 1958) Lakeville (Institute of General Semantics).

Lévi-Strauss, Claude (1955): *Traurige Tropen*, übers. v. E. Moldenhauer (1978) Frankfurt a. M. (Suhrkamp).

Liddell, Howard S. (1944): "Reflex Method and Experimental Neurosis", in: J. M. Hunt (Hrsg.), *Personality and Behavior Disorders*, New York (Ronald Press).

Lidz, Theodore; Cornelison, Alice; Fleck, Stephen u. Terry, Dorothy (1957): „Spaltung und Strukturverschiebung in der Ehe", in: *Schizophrenie und Familie: Beiträge zu einer neuen Theorie*, dt. (1969) Frankfurt a. M. (Suhrkamp): 108–127.

Lipset, David (1980): *Gregory Bateson. The Legacy of a Scientist*, Englewood Cliffs, N. J. (Prentice-Hall).

Luhmann, Niklas (1997): *Gesellschaft der Gesellschaft*, Frankfurt a. M. (Suhrkamp).

Lutterer, Wolfram (2000): *Auf den Spuren ökologischen Bewußtseins. Eine Analyse des Gesamtwerks von Gregory Bateson*, Norderstedt (Libri Books on Demand).

Marcus, George E. (1985): „A Timely Rereading of *Naven:* Gregory Bateson as Oracular Essayist" *Representations* 12: 66–82.

Mead, Margaret u. Métraux, Rhoda (Hrsg.) (1953): *The Study of Culture at a Distance*, Chicago/London (Univ. of Chicago Press).

Morgan, Ted (1976): „Epoch B", *New York Times Sunday Magazine* (29. Feb): 33.

Nachmanovitch, Stephen (1983): „Gregory Bateson. Ein Porträt des englischen Anthropologen, Denkers, Sehers", in: Lutz Rüdiger (Hrsg.): *Bewußtseins-(R)evolution*, Weinheim (Beltz): 57–71.

Radcliffe-Brown, Alfred R. (1937): Rezension von „Naven", *The American Journal of Sociology* 43: 172–174.

Randow, Gero von (1994): „Was ist eigentlich aus der Kybernetik geworden? Zum 100. Geburtstag von Norbert Wiener: Der Regler des Zustands des Systems", *Die Zeit* (H. 48, 2.11.): 41.

Rey, Eibe-Rudolf u. Thurm, Irmgard (1990): „Schizophrenien", in: Hans Reinecker (Hrsg.): *Lehrbuch der klinischen Psychologie,* Göttingen/Toronto/Zürich (Verlag für Psychologie).

Rosenblueth, Arturo; Wiener, Norbert u. Bigelow, Julian (1943): „Behavior, Purpose and Teleology", *Philosophy of Science* 10: 18–24 [auch in: *Beiheft zu Band 8 der Gundlagenstudien aus Kybernetik uund Geisteswissenschaft*, übers. v. R. Gunzenhäuser, dt. (1967) Quickborn (Schnelle)].

Ruesch, Jürgen u. Bateson, Gregory (1951): *Kommunikation. Die soziale Matrix der Psychiatrie* (orig. *Communication: The Social Matrix of Psychiatry*), New York: Norton, 3. Aufl., 1987 (mit Vorwort von P. Watzlawick). Übers. v. C. Rech-Simon: Heidelberg: Carl-Auer-Systeme, 1995.

Schulz von Thun, Friedemanm (1981): *Miteinander Reden 1. Störungen und Klärungen,* Reinbek (Rowohlt).

Searles, Harold F. (1959): „Das Bestreben, den anderen verrückt zu machen – Ein Element in der Ätiologie und Psychotherapie der Schizophrenie", *Schizophrenie und Familie: Beiträge zu einer neuen Theorie,* dt. (1969) Frankfurt a. M. (Suhrkamp): 128–167.

Selvini Palazzoli, Mara (1981): „Ein kulturelles Ereignis von historischer Bedeutung: Zur deutschen Erstauflage von Gregory Batesons Schriften", *Familiendynamik* 6: 379–385.

Shore, Bradd (1982): *Sala'ilua, a Samoan mystery,* New York (Columbia Univ. Press).

Watzlawick, Paul (1987): „Preface to the 1987 Edition", in: J. Ruesch u. G. Bateson: *Communication: The social matrix of psychiatry,* New York/London (W. W. Norton & Company): VII–IX.

Watzlawick, Paul; Beavin, Janet H. u. Jackson, Don D. (1969): *Menschliche Kommunikation: Formen, Störungen, Paradoxien,* Bern/Stuttgart/Toronto (Huber).

Watzlawick, Paul; Weakland, John H. u. Fisch, Richard (1988): *Lösungen: Zur Theorie und Praxis menschlichen Wandels,* Bern/Stuttgart/Toronto (Huber).

Whitehead, Alfred North u. Russell, Bertrand (1910–13): *Principia Mathematica. Vorwort und Einleitungen,* übers. v. H. Mokre, dt. (1986) Frankfurt a. M. (Suhrkamp).

Wiener, Norbert (1948): *Kybernetik. Regelung und Nachrichtenübertragung im Lebewesen und in der Maschine,* übers. v. E. H. Serr, dt. (2. Aufl. 1963) Düsseldorf (Econ).

Wiener, Norbert (1961): „Vorwort zur zweiten Auflage", in: N. Wiener (1948): *Kybernetik. Regelung und Nachrichtenübertragung im Lebewesen und in der Maschine,* übers. v. E. H. Serr, (1963) Düsseldorf (Econ).

Wolff, Stephan (1991): „Gregory Bateson & Margaret Mead: ‚Balinese Character' (1942) – Qualitative Forschung als disziplinierte Subjektivität", in:

Uwe Flick (Hrsg.): *Handbuch Qualitative Sozialforschung*, München (Psychologie Verlags Union): 135–141.

Wynne, Lyman C.; Ryckoff, Irving M.; Day, Juliana u. Hirsch, Stanley J. (1959): „Pseudo-Gemeinschaft in den Familienbeziehungen von Schizophrenen", in: *Schizophrenie und Familie: Beiträge zu einer neuen Theorie.* (1969) Frankfurt a. M. (Suhrkamp): 44–80.

Über den Autor

Wolfram Lutterer, Dr. phil., studierte Soziologie, Philosophie, Erziehungswissenschaft und Architektur. Er promovierte im Fach Soziologie mit einer umfassenden Studie über Bateson. Wolfram Lutterer ist wissenschaftlicher Angestellter und Lehrbeauftragter am Institut für Soziologie an der Albert-Ludwigs-Universität Freiburg.

Jürgen Ruesch
Gregory Bateson
Kommunikation
Die soziale Matrix der Psychiatrie
AUER